Albert Metzler

Stradivari des Universums

Ein faszinierender Wegweiser
in die grenzenfreie Welt des Möglichen

CIP-Titelaufnahme der Deutschen Bibliothek

Metzler, Albert
Stradivari des Universums
ISBN 978-3-939621-07-2

Copyright © BREUER & WARDIN, Bergisch Gladbach – 2007
Alle Rechte, insbesondere das Recht der Vervielfältigung und der Verbreitung sowie der Übersetzung, vorbehalten. Kein Teil des Werks darf in irgendeiner Form (durch Fotokopie, Mikrofilm oder ein anderes Verfahren) ohne schriftliche Genehmigung des Verlags reproduziert oder unter Verwendung elektronischer Systeme gespeichert, verarbeitet oder vervielfältigt werden.

Text: Albert Metzler
Projektleitung: Heiko Breuer, Bodo Wardin
Korrektorat: Andreas Kaizik
Lektorat: Martina Rohfleisch
Satz: Edition Wolkenburg, Rheinbreitbach
Umschlagfotos: Ulrich Dohle, Photo Studio 3, St. Augustin
Umschlaggestaltung: Martina Rohfleisch, Ulrich Dohle
Druck: Medienhaus Plump, Rheinbreitbach

BREUER & WARDIN
Verlagskontor GmbH
Zum Scheider Feld 12
51467 Bergisch Gladbach
Hotline: +49 1805 436 436 (14 Cent/Min.)
kontakt@verlagskontor.com
www.verlagskontor.com

Printed in Germany
ISBN 978-3-939621-07-2

Inhaltsverzeichnis

Vorwort 7

**1 Wir sehen die Welt nicht, wie sie ist
– wir sehen sie so, wie wir selbst sind** 13
Die Suche nach Sinn und Orientierung 15
Sinn und Orientierung in sich selbst finden 20
Die eigene Freiheit erkennen 23
Die Welt ist meine Vorstellung 25
Quellen unserer Vorstellungen 32

**2 Die Schranken unseres Denkens
sind die Grenzen unseres Da- und Hierseins** 46
Sind die Gedanken frei? 49
Wir ordnen's. Es zerfällt. 54

**3 Wenn die Wissenschaft recht hat,
ist die Welt verrückt** 58
Die Quantentheorie: Wenn das Teilchen nicht weiß,
wo es ist 59
Unsere Welt ist verrückt 68

4 Neue Ordnungen und Strukturen unserer Realitäten 71
Grenzen der Sprache 74
Realitäten jenseits der Gegensätze 76

5 Beautiful Energies 84
Vom Suchen und Finden der Schönheit 86
Das Geheimnis der Stradivari 91

6	**Die entlegenen Winkel Ihrer Realität**	96
	Erfundene Wirklichkeiten und Bilderwelten	102
7	**Die unendlichen Dimensionen des Glaubens**	110
	Wahrheit oder Täuschung?	111
	Komplexität des Glaubens	113
	Glauben bedarf keiner Argumentation	119
8	**Die Realität des Göttlichen erfahren und erleben** ...	122
	Das Pascalsche Dreieck, Zufälle und Koinzidenzen	124
	Fantasie, Vorstellungskraft und Kreativität	139
9	**Ich und das Universum sind eins**	154
	Die Einheit der Dinge	155
	Alles ist ein Teil von uns selbst	162

Nachwort: Realität ist, was Sie fühlen und denken! 167

Literaturverzeichnis 171
Register 174
Literaturempfehlungen 176

Vorwort

Es war einmal ...

Wir alle kennen das klassische Motiv aus dem Märchen »Die Schöne und das Biest«, das insbesondere durch die zauberhafte Verfilmung von Jean Cocteau weltbekannt wurde. Es ist ein Märchen über die Schönheit, über die wahre Schönheit – über die Schönheit des Herzens, das übrigens in abgewandelter Form auch in anderen Kulturkreisen verbreitet ist.

In einem prächtigen Schloss lebt ein junger Prinz, doch trotz all seiner Reichtümer ist der Prinz selbstsüchtig und herzlos. An einem kalten Winterabend kommt eine alte Frau zum Schloss und bittet ihn im Austausch gegen eine rote Rose um Unterkunft für die Nacht. Als der Prinz ihre zerlumpte Erscheinung belächelt, warnt sie ihn, sich nicht von Äußerlichkeiten täuschen zu lassen, da man wahre Schönheit nur im Verborgenen findet. Doch der hartherzige Prinz lässt sich nicht erweichen und schickt die Frau fort. Plötzlich verwandelt sich die Hässlichkeit der alten Frau, und zum Vorschein kommt eine wunderschöne Zauberin. Der Prinz sieht nun, was er zuvor nicht sehen wollte, und will sich entschuldigen, aber es ist zu spät. Die Zauberin hat gesehen, dass es in seinem Herzen keine Liebe gibt. Zur Strafe verwandelt sie ihn in ein abscheuliches Biest und verzaubert das Schloss und alle, die darin leben.

Beschämt von seiner abstoßenden Gestalt versteckt sich der Prinz, der jetzt nur noch ein Abscheu erregendes Biest ist, in seinem Schloss. Ein Spiegel ist für ihn das einzige Fenster zur Außenwelt. Die Rose, die die schöne Zauberin ihm geschenkt hat, ist aber eine verzauberte Rose, die viele Jahre blühen sollte. Würde er lernen, einen anderen Menschen zu lieben und dessen Liebe zu gewinnen, bevor das letzte Blütenblatt gefallen ist, dann wäre der Zauber gelöst. Gelänge es ihm nicht, wäre er dazu verdammt, für immer ein Biest zu bleiben. Als die Jahre vergehen, gerät der Prinz schließlich in eine tiefe Verzweiflung, und er verliert alle Hoffnung. Denn wer brächte es jemals über sich und liebte ein Biest?

Unweit vom Schloss wohnt zu dieser Zeit die schöne Belle zusammen mit ihrem Vater. Belle langweilt sich und sehnt sich nach einem aufregenden Leben. Eines Nachts verirrt sich ihr Vater im Wald; er kommt zum Schloss des Biests und will dort Zuflucht suchen. Doch das Biest nimmt ihn gefangen. Die Tochter ist besorgt, sie sucht ihren Vater und findet ihn im Schloss. Sofort erklärt sie sich bereit, anstelle ihres Vaters für immer beim Biest zu leben, obwohl sie sich schrecklich vor der hässlichen Gestalt fürchtet. Aber dann geschieht das Unfassbare: Die schöne Belle erkennt den wahren, verborgenen Charakter in der monsterhaften Erscheinung. Bald verliebt sich das Biest in die schöne Frau und will ihr seine Liebe gestehen. Dazu kommt es jedoch nicht mehr, denn man greift das Schloss an, um das Biest zu töten. Das tödlich verwundete Biest stürzt von einem Turm und wird von Belle gefunden. Im selben Moment, als das letzte Blütenblatt der Rose zu Boden fällt, offenbart Belle dem Biest ihre Liebe. Nun beginnt der Körper des Biests zu schweben und zu leuchten, er verwandelt sich in den Prinzen zurück. Überglücklich fallen sich Belle und der Prinz in die Arme. Als sie sich küssen, erfasst helles Licht das düstere Schloss, und es erhält seine alte Schönheit zurück. Der Zauber ist gebrochen.

Belle war diejenige, deren Herzensleere sich entgegen allen Erwartungen zu füllen begann. In der traumhaft schönen Verfilmung von Jean Cocteau erklingt in diesem bewegten Moment sanfte, zärtliche, mystische Geigenmusik, deren Töne sich langsam anhebend immer stärker verdichten. Auch der Klangkörper der Geige selbst ist im Inneren leer wie das Herz der Menschen, die in der Hauptfigur des Märchens nichts anderes als das Biest sehen. Das Holz des Instruments umhüllt ein leeres Nichts, das sich in seiner Mitte befindet – ein Nichts, das erst durch das Streichen der Saiten zum Klingen gebracht wird. Die durch den Hohlraum verstärkten Töne erzeugen eine Resonanz und versetzen nicht nur das gesamte Instrument, sondern auch den Musiker und seine Zuhörer – vor allem ihre Herzen – in Schwingungen. Der Klang greift um sich, und wo zuerst nur Leere war, ist nun alles angefüllt mit Klang. Ein Klang, der, wie Rilke schrieb, »wie ein tieferes Ohr uns scheinbar Hörende hört«[1]. In ebensolcher Weise spürte Belle die Energie des Schönen, die sich – weil sie es zuließ – in ihr verbreitete und so ihr Herz ausfüllen konnte.

Die Energie des Schönen – ich nenne sie »Beautiful Energies«. Während alle anderen im Biest nur das schreckliche Monster erkannten, war Belle die Einzige, die hinter dem äußeren Anschein das Verborgene sehen konnte. Und wie alle Märchenmotive hat auch »Die Schöne und das Biest« einen unmittelbaren Bezug zu unserer Realität. Sind Sie sicher, dass Sie jede Schönheit immer erkennen – oder lassen auch Sie sich zuweilen vom vordergründigen Anschein Sand in die Augen streuen? Vielleicht sind unsere Gefühle und Gedanken in einer Realität verhaftet, die sich womöglich sogar erheblich von anderen, ebenfalls möglichen Realitäten unterscheidet?

Sie werden in diesem Buch erfahren, dass jede Realität letztlich im Inneren eines jeden Individuums selbst kreiert wird. Schritt

---
[1] Rilke, Rainer Maria: Gedichte 1910–1926. S. 117

für Schritt werden Sie nachvollziehen können, dass sich in unserem Inneren mehr befindet, als wir zunächst glauben. Die schöne Belle aus dem Märchen »Die Schöne und das Biest« konnte die Welt – und damit auch das Biest – mit völlig anderen Augen sehen, allein weil sie Schönheit in ihrem Herzen trug. Sie hatte für sich zugelassen, dass die für jedermann offensichtliche Realität nicht unbedingt zugleich die eine, die verbindliche Realität sein musste. Wenn wir die Verzweigungen und die Vielschichtigkeit der Realitäten annehmen, das Schöne erkennen, es vor allem erkennen wollen und auch akzeptieren, offenbart sich uns ein ganz neuer Blick auf die Welt, auf unser eigenes Leben. Es kann nicht schaden, es einmal auszuprobieren. Sie werden sehen, dass Beautiful Energies auch in Ihrer Realität vorhanden sind.

Sie werden sich vielleicht fragen: Was heißt denn *meine* Realität? Ist es nicht *unsere* Realität – die Realität aller Menschen, in der wir leben? Doch so einfach diese Frage auch klingt, die Antwort darauf ist gar nicht so leicht zu finden. Mit dem Nachdenken darüber berühren wir Auseinandersetzungen, die schon seit Jahrhunderten und Jahrtausenden von Philosophen, Wissenschaftlern, Theologen, Mystikern, Künstlern und vielen anderen geführt werden. Und ein einheitliches Ergebnis ist kaum in Sicht – stattdessen nehmen die Überraschungen kein Ende ...

So stellt eine kleine Frage mit nur drei Worten die Welt auf den Kopf: Was ist Realität? Jede Epoche, jede Kultur und Wissenschaftsrichtung, sogar jeder einzelne Mensch hat hier eine unterschiedliche Antwort. Und ausgerechnet eine für ihre besondere Sachlichkeit gerühmte Disziplin, die moderne Physik, brachte mit der Quantentheorie eine ganz neue Herangehensweise an die Beantwortung dieser Frage hervor. Ihre irritierenden Thesen haben inzwischen eine lebhafte fachübergreifende Diskussion ausgelöst. Einige sehr interessante Aspekte davon werden wir in diesem Buch kennenlernen. Nicht wenige Wissenschaftler entziehen sich den neuen Gedanken, weil damit alle mühsam aufgebauten Konstrukte plötzlich auf wackeligem Fundament stehen. Sogar das Denken selbst steht auf einmal zur Diskussion, denn die unvorstellbaren Dimensionen der Quantenphysik sind mit herkömmlichen logischen Denkprinzipien nicht mehr erfassbar. Wir stoßen hier eindeutig an Grenzen unseres Denkens. Aber ist das etwas Schlechtes? Oder liegt darin nicht vielmehr eine Chance, unser Leben zu verändern, es einmal von einer ganz anderen Seite zu sehen?

Nicht nur die Wissenschaft selbst verändert ihr Gesicht und ihren Körper; obendrein können von der modernen Forschung auch noch ganz erstaunliche Parallelen zu sehr alten Philosophien und religiösen Ansichten gezogen werden. Und das ist wohl eine der größten und faszinierendsten Überraschungen.

Eine erste Einsicht in der Auseinandersetzung mit der Frage nach unserer Realität lautet: Es gibt nicht *die* eine Realität – Realität wird in den Gedankenflüssen der Menschen erst geschaffen. Sie verändert sich durch unsere Vorstellungen, durch unsere Wahrnehmungen, durch unsere Emotionen, durch unser Denken. Was bedeutet das nun für uns?

Unser Leben ist geprägt von Prinzipien, bestimmten Denkmustern und Verhaltensweisen, die auf Erfahrungen und Erkenntnissen beruhen. Wir nehmen allgemeingültige Vorstellungen und Ansichten in uns ständig auf und richten unser Leben danach aus. Damit bewegen wir uns zu großen Teilen ausschließlich an der Oberfläche unseres Bewusstseins. Konventionen bestimmen unsere Emotionen und unser Denken, das oft in fest gefügten Bahnen verläuft. Solche Mechanismen geben uns sogar eine gewisse Sicherheit, jede Art von Veränderungen wird dadurch jedoch erschwert. Die Bereitschaft, sich innerhalb des allgemeinen Gefüges vielleicht sogar völlig neu zu sehen, ist insgesamt sehr gering. Wir nehmen, was wir kennen und was wir haben – selbst dann, wenn sich hier eine gewisse Unzufriedenheit beimischt.

Gleichzeitig ahnen wir, dass sich hinter den Dingen mehr verbirgt, als wir an der Oberfläche an uns heranlassen. Womöglich ist das, was wir sehen, nicht mehr als das, was wir sehen wollen. Und vielleicht schöpfen wir unsere Möglichkeiten längst nicht aus, während wir zu Konditionen leben und agieren, die wir selbst nicht aufgestellt haben. Auch scheint irgendwo eine unerschöpfliche Quelle an Energie zu schlummern, die uns offenbar versperrt bleibt. Allerdings hat es zu allen Zeiten und in allen Kulturen auch Menschen gegeben, die die Grenzen der herkömmlichen Realität überwunden haben und dabei von einer für sie ganz selbstverständlich verfügbaren Energie Gebrauch machen konnten. Diese Menschen, die wir kennen als herausragende Persönlichkeiten, charismatische Künstler oder Forscher, als kühne Entdecker oder provozierende Geister, haben ihre Beautiful Energies zur Entfaltung gebracht und damit Realitäten geschaffen, die das Vorstellungsvermögen zumindest ihrer Zeitgenossen zumeist weit übersteigt.

Beautiful Energies stecken auch in Ihnen! Tauchen Sie jetzt ein in eine wunderbare Welt unbegrenzter Realitäten und unerschöpflicher Energie. Erfahren Sie, wie das Da- und Hiersein jedes Einzelnen in Verbindung zu seiner Umwelt steht, auf welche Art und Weise wir unserem Denken und uns selbst Grenzen setzen und was es bedeutet, diese Grenzen zu überwinden.

1
Wir sehen die Welt nicht, wie sie ist – wir sehen sie so, wie wir selbst sind ...

Die von dem Meister Antonio Stradivari im 17. Jahrhundert gebauten Instrumente, insbesondere seine »magischen« Geigen, gelten als Höhepunkte des Instrumentenbaus und sind noch heute die Primadonnen der Konzerthäuser. Sie sind Millionen wert und werden nur von den größten Virtuosen gespielt, wobei ihr Wert nicht etwa in ihrem Alter, sondern ausschließlich in ihrem bisher unübertroffenen Klang liegt. Ein Klang, der Rätsel aufgibt, dem schon immer nachgeforscht wurde und dessen Geheimnis der Meister Stradivari mit ins Grab genommen zu haben scheint. Wie entsteht eine Stradivari? Warum ist ihr Klang einzigartig? Liegt es am besonderen Holz? An der geheimnisvollen Zubereitung des Lacks? An der Arbeitsweise des Meisters? In jeder Einzelheit der Herstellung, im perfekten Zusammenspiel jeden Schrittes bis zur fertigen Stradivari?

Der Vergleich zum menschlichen Dasein liegt nahe: Wann wird aus uns eine »Stradivari«? Aus welchem Holz sollten wir sein? Welchen Lack verwenden wir für unsere Persönlichkeit? Wie wachsen wir? Wie spielen alle unsere Erfahrungen und Erkenntnisse zusammen, um unseren individuellen Klang zu erzeugen, mit dem wir Teil des symphonischen Werks »Welt« sind? Und vor allem: Klingen wir am Ende berührend schön oder gewaltig schief?

Das Leben in unserer Zeit hält eine Unmenge an Möglichkeiten bereit, den Alltag mit interessanten Aufgaben, Tätigkeiten und Ereignissen der verschiedensten Art zu bereichern. Es gibt jeden Tag so viel Neues und Wissenswertes, so viel Unterhaltsames und Informatives, so viel, was man sich noch ansehen könnte, was man noch erreichen sollte, was man noch kaufen oder erleben müsste. Die Menschen stehen vor geradezu unendlichen Mengen an Informationen und Handlungsoptionen, verfügen über scheinbar unbegrenzte Spielräume, und die rasanten Fortschritte in Wissenschaft und Technik potenzieren all das beinahe täglich. Die Wohlstands- und Konsumgesellschaft, in der wir leben, lässt auf den ersten Blick kaum noch etwas zu wünschen übrig; stattdessen kreiert sie selbst immer neue Wünsche und Bedürfnisse, die sie zu erfüllen verspricht. Es macht den Eindruck, uns stünden einfach alle Möglichkeiten offen, unsere Bedürfnisse zu befriedigen und unser Leben mit den Dingen zu füllen, die uns glücklich machen.

Doch auch wenn das Leben eine schier grenzenlose Fülle von Möglichkeiten zu sein scheint, echte *Erfüllung* bleibt im Leben für immer mehr Menschen letztlich aus. Denn sie fühlen, dass Lebensqualität und Lebensfreude nicht dadurch entstehen, dass man immer auf dem neuesten technischen Stand ist, dass man immer die angesagtesten Künstler kennt, das exotischste Urlaubsziel bucht, die neuesten Informationen schon gelesen hat oder in allem am besten, am schnellsten und am erfolgreichsten ist. Viele Menschen fragen sich nämlich immer öfter: Wozu das alles? Ist das wirklich wichtig? Welchen Sinn hat das eigentlich? Und welchen Sinn hat mein Leben?

Längst ist es auch aus psychologischer Sicht zum Problem geworden, dass die Menschen unserer Gegenwart zunehmend und immer eindringlicher vor der Frage nach dem Sinn in ihrem Leben stehen. Viele Menschen empfinden eine frustrierende Sinnlosigkeit ihres Da- und Hierseins. Schon Mitte der 1970er Jahre lautete ein Befund der Psychologie:

> Inzwischen ist die Sinnfrage zum brennendsten Problem von heute geworden, und zwar keineswegs etwa bloß im Sinne einer Malaise unter empfindsamen Intellektuellen. Vielmehr konnte etwa der amerikanische Psychiater Robert Coles beobachten, daß unter seinen Patienten auch die manuellen Arbeiter heute hauptsächlich über eines klagen, und das ist das Sinnlosigkeitsgefühl.[1]

Die Menschen leiden am sinnlosen Leben.

Die Suche nach Sinn und Orientierung

Auf die Frage, worauf dieses »abgründige Sinnlosigkeitsgefühl« – diese existentielle Frustration der Menschen – zurückzuführen ist, antwortet der Psychologe Victor E. Frankl in folgender Weise:

> Im Gegensatz zum Tier sagen dem Menschen keine Instinkte, was er muß, und im Gegensatz zum Menschen von gestern sagen dem Menschen von heute keine Traditionen mehr, was er soll. Nun, weder wissend, was er muß, noch wissend, was er soll, scheint [der Mensch] nicht mehr recht zu wissen, was er will.[2]

---
[1] Frankl, Victor E.: Der Mensch vor der Frage nach dem Sinn. S. 45
[2] Frankl, Victor E.: Der Mensch vor der Frage nach dem Sinn. S. 142

Es sieht ganz so aus, als fehlten den Menschen wichtige Orientierungspunkte und ein fester Halt im Leben. Beides brauchen Menschen jedoch, um in dieser Welt der unendlichen Möglichkeiten zurechtzukommen. Ansonsten verlaufen wir uns im Dickicht der Möglichkeiten, verlieren uns selbst im Tempo der Entwicklungen und in der Dynamik der komplexen Welt. Solange wir nicht wissen, was wir wollen, was uns wirklich wichtig ist im Leben, zieht es uns mal hierhin und mal dorthin, ohne dass wir selbst bestimmen, wohin es gehen soll.

Das Sinnlosigkeitsgefühl führt mit anderen Worten zu einer Orientierungslosigkeit, die die gesamte Lebensführung beeinträchtigt. Und die Welt, wie sie gegenwärtig ist, wird uns keine bestimmte Richtung anzeigen, die uns Sinn verspricht. Vielmehr sehen wir in ihr zahllose verschiedene und miteinander verbundene Wege, die Sinn und Erfüllung bereithalten könnten. Doch auszuwählen, welcher Weg der angemessen *richtige* ist, bleibt jedem selbst vorbehalten. Das ist natürlich grundsätzlich etwas Gutes, denn schließlich wollen wir letztlich unseren eigenen persönlichen Weg finden. Nur brauchen wir dafür etwas, woran wir unsere Auswahl ausrichten. Wir brauchen Orientierungshilfen.

Um noch einmal Victor Frankl zu zitieren:

> Wenn der Mensch nicht weiß, was er will, so will er denn nur das, was die anderen tun [...]. Oder aber er tut nur das, was die anderen wollen – *von ihm* wollen [...].[3]

Die Folgen sind Konformismus oder Totalitarismus. Außerdem kann ein spezifischer Neurotizismus entstehen, der nicht auf

---

[3] Frankl, Victor E.: Der Mensch vor der Frage nach dem Sinn. S. 142

Komplexe und Konflikte im herkömmlichen Sinne zurückgeht, sondern auf Gewissenskonflikte, auf Wertkollisionen und auf eine existentielle Frustration, die eben auch in entsprechenden Neurosen ihren Ausdruck und Niederschlag finden kann.[4]

Anhaltspunkte für ihre Suche nach Orientierung und Sinn finden viele Menschen in bestimmten weltanschaulichen oder religiösen Lehren. So unterschiedlich die einzelnen Lebensanschauungen sind, ist ihnen doch zumeist gemeinsam, dass sie eine Ordnung in die Dinge des Lebens bringen und eine Art Sinn formulieren wollen, der dem menschlichen Da- und Hiersein zukommt – dem individuellen und dem allgemeinen. Die Ordnung umfasst dabei die verschiedensten Lebenssphären. Weltanschauliche oder religiöse Prinzipien regeln z. B. den Alltag, indem sie Gebete zu bestimmten Tageszeiten oder Richtlinien für die Mahlzeiten vorschreiben; sie formulieren ein Wertesystem, das beispielsweise in Form von Rechtsvorschriften und einer Ethik das Zusammenleben der Menschen (und anderer Lebewesen) regelt; sie sind Grundlage für Ansichten über Leben und Tod, Jenseits und Diesseits oder über das Verhältnis von Individuum und Gesellschaft; sie schaffen ein einheitliches Weltbild, das Aufschluss gibt über das *Woher* und das *Wohin* des Menschen, über seine Stellung in der Welt und über sein Verhältnis zur Natur oder zu Gott bzw. zu den Göttern. Und nicht zuletzt geben sie Hoffnung, dass es etwas gibt, das über uns selbst hinausweist und unserem Leben Sinn verleiht.

Der in der Geschichte der Menschheit immer wieder vorkommende Missbrauch von religiösen und weltanschaulichen Ideen oder auch das Herbeizitieren von Traditionen und Bräuchen hat

---

[4] Vgl. Frankl, Victor E.: Der Mensch vor der Frage nach dem Sinn. S. 143

die Menschen jedoch auch misstrauisch gemacht gegenüber einer übergeordneten Instanz, Kraft oder Macht, an der sie ihr Leben orientieren sollen. Die Individualität und Einzigartigkeit des Einzelnen gewann im Zuge dessen immer mehr an Bedeutung. Insbesondere im abendländischen Kulturkreis vollzog sich eine weitreichende Säkularisierung und eine zunehmende Abkehr von Traditionen, Normen und Ideologien.

Folglich bedarf es neuer ordnungsgebender *Grundsätze*. Diese können nun allerdings nicht mehr von einer höheren Instanz abgeleitet werden, sondern stützen sich ganz auf das Individuum (im Zusammenleben mit anderen Individuen). Der einzelne Mensch muss aus sich selbst heraus die Grundsätze und Regeln entwickeln, auf deren Grundlage er sein Leben sinnvoll gestalten kann. Damit konzentriert sich auch die Frage nach dem Sinn des menschlichen Da- oder Hierseins auf die Frage nach dem Sinn im individuellen Dasein.

Welchen Sinn hat *mein* Leben? Es wird nicht mehr angenommen, dass es einen *objektiven* – also vom Menschen unabhängigen – Sinn gibt, der durch die Natur oder durch einen fremden Gott vorgegeben ist. Stattdessen setzt der Mensch sich selbst den Sinn seines Seins. Nach Ansicht des Philosophen Jean-Paul Sartre ergibt sich diese Verneinung eines transzendenten Sinns »aus der atheistischen Haltung und der Ablehnung eines vorgängigen Wesensbegriffs des Menschen«.

Der Mensch ist nur das, was er in der Folge seiner Handlungen aus sich machen wird. [Albert] Camus sieht die objektive Sinnfrage an der Kluft zwischen dem Menschen, der fragt, und der Welt, die vernunftwidrig schweigt, scheitern. Um seiner eigenen Identität willen muß der Mensch aber an seinem Sinnstreben festhalten. Indem er auf einen jenseitigen Sinn verzichtet, macht er das Leben zu einer menschlichen Angelegenheit, die unter Menschen geregelt werden muß.[5]

Das eigene Selbst erhält auf diese Weise eine besondere – und stetig wachsende – Bedeutung. Es wird zum zentralen Orientierungszentrum in der sich immer schneller und andauernd verändernden Welt. Dabei vollzieht sich der Wandel in dem Bewusstsein der verschiedenen Gesellschaften und des Individuums asymmetrisch und nicht im Gleichschritt. Bei sich selbst sucht der Mensch nun nach Hinweisen darauf, wie der Weg aussieht, der sein Leben mit Sinn erfüllen kann, wo dieser Weg zu finden ist und was er tun muss, um ihn beschreiten zu können. Antworten auf die existentiellen Fragen des Lebens, Werte, die das Leben bestimmen, ein Weltbild, das Ordnung schafft – all das sucht der Mensch fortan bei sich selbst. Das ist ein wichtiger Schritt für den Menschen:

> Noch nie hat ein Tier danach gefragt, ob das Leben einen Sinn hat. Das tut eben nur der Mensch, und das ist […] der Ausdruck geistiger Mündigkeit, würde ich sagen. Denn es ist geistige Mündigkeit, wenn jemand es verschmäht, eine Antwort auf die Sinnfrage einfach aus den Händen der Tradition entgegenzunehmen, vielmehr darauf besteht, sich selber und selbständig auf die Suche nach Sinn zu begeben.[6]

Der Gedanke ist allerdings längst nicht so neuzeitlich, wie es vielleicht klingen mag. Schon bei den Stoikern der Antike findet er sich ganz ähnlich:

---
[5] Prechtl, Peter ; Burkard, Franz-Peter [Hg.]: Metzlers Philosophie-Lexikon. S. 476
[6] Frankl, Victor E.: Der Mensch vor der Frage nach dem Sinn. S. 46

Nicht anders als die Epikureer gehen auch die frühen Stoiker von der Zeitsituation aus, in der die Frage nach einem Halt in der haltlos gewordenen Gegenwart den Vorrang gewinnt. Die Philosophie erhält daher bei ihnen unmittelbare Bedeutung für das menschliche Dasein. Sie ist ›die Kunst der Lebensführung‹. Nun finden […] die Stoiker den Sinn des Lebens […] in der Übereinstimmung mit sich selber. Dahinter steckt der Gedanke, daß sich der Mensch, nicht mehr sicher gegründet im Kosmos und in der Polis, nur noch auf sich selber stellen kann. Seine sittliche Aufgabe ist es, nicht eine allgemeine Tugend, sondern die in ihm als Individuum liegende besondere Idee des Menschen zu verwirklichen.[7]

Sinn und Orientierung in sich selbst finden

Doch auch, wenn der Mensch bei sich selbst – und nicht bei anderen oder bei einer höheren Instanz – nach Wegweisern für sein Leben sucht, führt dies nicht automatisch dazu, wirklich individuelle und aus dem eigenen Selbst geschöpfte Bestimmungen zu entdecken. Finden wir etwas in uns selbst, heißt dies nicht zwangsläufig, dass es auch aus uns selbst heraus entstanden ist. Unser Denken, Fühlen und Wahrnehmen unterliegt vielen verschiedenen äußeren Einflüssen, die wir zudem häufig nicht einmal als solche erkennen, sodass wir Ansichten, Denkweisen, Wertevorstellungen, Überzeugungen etc. als unsere eigenen annehmen, ohne zu wissen, dass sie von fremden Archiven und ihren Bibliotheken beeinflusst sind. Vielfältige, uns unbekannte Quellen speisen unser Denken und Fühlen. Und das in einem Maße, das uns

---

[7] Weischedel, Wilhelm: Die philosophische Hintertreppe. S. 66

zumeist kaum bewusst ist. Deshalb ist es offensichtlich nicht leicht, Fremdbestimmungen hinter sich zu lassen und zu den Inspirationen vorzudringen, die wirklich unser Selbst ausmachen. Diese sollen wir erst entdecken, wollen wir selbst Sinn und Orientierung in unserem Leben finden.

Aber was bleibt zunächst, als sich auf bereits Bekanntes und Bestehendes zu stützen? So sind es erst einmal Erfahrungswerte, die uns scheinbar Anhaltspunkte geben wollen. An unseren Erfahrungen überprüfen wir, was *gut* und was *schlecht* für uns war, welche Entscheidungen sich als *richtig* und welche sich als *falsch* herausgestellt haben. Wir können abwägen, einordnen, vergleichen, selektieren, bewerten etc., was für uns von Bedeutung war und was für bevorstehende Wahlmöglichkeiten bei Entscheidungen relevant sein wird. Lebenserfahrungen unterschiedlichster Art geben uns das Gefühl von Sicherheit in unseren Entscheidungsprozessen. Wir schätzen ungefähr ab, welche Folgen zu erwarten sind und welche Auswirkungen sie auf uns selbst haben können. So können wir der Ungewissheit über zukünftige Ereignisse mit mehr Gelassenheit begegnen, denn vor allen Dingen das Unvorhersehbare verunsichert uns oft. Erfahrungen geben uns das Gefühl, Dinge bis zu einem gewissen Grad vorhersehen zu können.

Mit dem vermehrten Rückgriff auf die eigene Erfahrungswelt unterwerfen sich Menschen jedoch auch einer nicht zu vernachlässigenden Selbstbeschränkung. Denn es entsteht hier die Gefahr, dass sie sich allzu sehr auf ihre Erfahrungen verlassen und sich dem Unbekannten und dem Neuen zu sehr verschließen. Alternative Zukunftsszenarien werden dann z. B. gar nicht in Betracht gezogen, und so werden die Auswahlmöglichkeiten für den Entscheidungsvorgang von vornherein stark reduziert. Niemand weiß, ob damit nicht vielleicht eine bessere Lösung unberücksichtigt bleibt. Mögliche neuartige Wege, den Sinn im eigenen Da- und Hiersein zu finden, werden so ganz einfach nicht wahrgenommen. Wenn man auf das Wagnis, etwas Neues auszuprobieren, gar nicht gar nicht erst eingeht, bleiben unter diesen Umständen auch bisher verborgene Perspektiven des eigenen Selbst unentdeckt, und die in uns schlummernde Energie wird unwirksam.

Entscheidend ist überdies, dass unsere magische Welt nicht mehr zu begreifen ist, wenn man sich Neuem und Unbekanntem verschließt. Denn sie unterliegt einem Veränderungsfluss und schafft immer mehr neue Realitäten, die die Menschen als *wirklich* erfassen müssen, um sich in ihnen zurechtzufinden. Die Vielzahl der Möglichkeiten einfach zu ignorieren, sich die Welt so zurechtzulegen, dass sie wieder überschaubar ist – das kann weder zum Erfolg noch zur Zufriedenheit führen. Dem Menschen stellt sich die Frage, wie er die vielschichtigen Realitäten des Daseins in sein Leben integrieren kann. So wie es scheint, bleibt ihm nichts anderes übrig, als sich auf die gegebene Komplexität einzustellen und auch völlig neue Denkweisen auszuprobieren.

Der Mensch kann sich schließlich nicht abschotten gegenüber den Entwicklungen in der Welt. Denn ihm steht keine andere Welt zur Verfügung als eben *seine*, und letztlich ist er ja für das Design der Entwicklungen selbst verantwortlich. Seine eigene Fortentwicklung ist es schließlich, die die Fortschritte in der Welt vorantreibt. Die Eigendynamik dieser Vorgänge führt dazu, dass es nun zu einem wahren Wechselspiel gegenseitigen Vorantreibens kommt.

Immer wieder entdecken, entwickeln, erfinden Menschen Neues und schaffen damit selbst neue Bedingungen verschiedener Wirklichkeiten. Doch sind diese Prozesse oft so rasant und einschneidend, dass der Mensch wieder einen gewissen Impuls braucht, um sie wahrzunehmen. Die Wirklichkeit wird dadurch vom Menschen selbst in all ihren Erscheinungsformen kreiert, wahrgenommen, empfunden und wieder neu kreiert.

Die eigene Freiheit erkennen

Das wichtigste Medium des Menschen im Umgang mit seinen Wirklichkeiten ist und bleibt das Denken. Seine Erfahrungen und Erkenntnisse prägen in der Erinnerung seine Emotionen und damit unweigerlich auch sein Denken selbst. Ziehen Menschen sich nur auf ihre Erfahrungswerte zurück, entwickeln sich feste Denkmuster und -gewohnheiten, die die Freiheit der Selbstbestimmung im Denken und Fühlen einschränken. Sie verhindern, dass wir authentische Entscheidungen fällen und ein Leben führen, das *wirklich* unseren individuellen Bedürfnissen und inneren Vorstellungen entspricht und gleichzeitig den Anforderungen der Außenwelt gerecht wird. Die Folgen sind ausbremsende Vorurteile, innere Konflikte und das Gefühl von Frustration.

Doch fühlen wir alle, dass wir nicht an diesem Punkt stehen bleiben wollen (und wahrscheinlich auch nicht können). Wir fühlen, dass wir als verstehende und sich erinnernde Wesen letztlich die Möglichkeit haben zu freien, selbstbestimmten und kreativen Entscheidungen – jenseits von fremden äußeren Bestimmungen und Notwendigkeiten. Wir sollten diese Freiheit nur nutzen und in die Tat umsetzen! Das liest man beispielsweise auch bei dem Philosophen Karl Jaspers:

Diese Idee der Freiheit ist der Grundgedanke von Jaspers […]. Freiheit kann allerdings nicht allgemeingültig festgestellt werden. Man kann die Wirklichkeit auch so betrachten, als ob in ihr alles mit Notwendigkeit geschähe. ›Freiheit ist weder beweisbar, noch widerlegbar.‹[8] Und doch hat der Mensch das Empfinden, daß er nicht ausschließlich durch die Umstände bestimmt wird, sondern daß es immer auch an ihm selber liegt, wie er sich entscheidet. Das ist freilich keine Sache des theoretischen Wissens. Die Freiheit wird allein in der Praxis offenbar: darin, daß man im konkreten Tun Entschlüsse faßt, daß man Möglichkeiten ergreift. ›Freiheit erweist sich nicht durch meine Einsicht, sondern durch meine Tat.‹[9]

Lassen wir indes diese Freiheit ungenutzt, setzen wir selbst der Entfaltung unseres Da- und Hierseins vehemente Grenzen und werden kaum zum *wirklichen* Kern unseres Selbst vordringen können. Schon unsere Wahrnehmungen werden so stark eingeschränkt, dass wir oft nicht in der Lage sind, über das *Übliche* hinauszublicken; subtile Zwischenräume oder grenzüberschreitende Gedankengänge werden uns verborgen bleiben. Wir blockieren unsere kreative Schöpfungskraft und die uns innewohnende Energie – unsere Beautiful Energies. Unvorstellbares wird immer unvorstellbar bleiben und Unmögliches wird nie möglich sein.

Umso wichtiger ist es, den Dingen, die unser Leben determinieren und unsere Freiheit beschränken, auf die Spur zu kommen. Was sind also die Ursachen und Quellen von Fremdbestimmungen und festen Mustern in unserem Denken?

---

[8] Jaspers, Karl: Das Wagnis der Freiheit. Gesammelte Aufsätze zur Philosophie. S. 34
[9] Weischedel, Wilhelm: Die philosophische Hintertreppe. S. 268 f.

Die Welt ist meine Vorstellung

Das Denken ist eine Tätigkeit unseres Gehirns, mit der wir alle im Gehirn ankommenden Informationen verarbeiten und so Ordnungen herstellen innerhalb der Welt, die wir vorfinden. Schon in dieser kurzen Charakterisierung wird klar, dass in unserer Begegnung mit den Realitäten der Wahrnehmung eine besonders wichtige Rolle zufallen muss.

Diese Problematik spiegelt sich auch in der unterschiedlichen Verwendung des Begriffes der Realität in der Philosophie wider. Hier wird Realität einerseits – z. B. auf dem Gebiet des philosophischen Realismus – aufgefasst als die Außenwelt, die ganz unabhängig vom Menschen existiert, d. h. sie ist vorhanden, egal ob oder wie sie von irgendjemandem wahrgenommen wird. Andererseits – beispielsweise in der Philosophie Immanuel Kants – ist Realität die Welt der Erfahrungen und damit nicht unabhängig vom Menschen, vom wahrnehmenden Subjekt. Der Begriff »Gegenstand« wird ebenfalls in diese Überlegungen einbezogen:

> Im Rahmen der Erkenntnistheorie wird ›Gegenstand‹ meist in Relation zum erkennenden Bewusstsein als erkanntes Objekt gebraucht. Dadurch wird die Frage aktuell, inwiefern und in welcher Weise der Gegenstand durch das erkennende Subjekt konstituiert ist bzw. wird.[10]

Existiert der Gegenstand mit seinen spezifischen Eigenschaften überhaupt, wenn wir ihn nicht wahrnehmen? Und woher können wir das ursprünglich wissen? (Wie wichtig diese Fragen ins-

---

[10] Prechtl, Peter ; Burkard, Franz-Peter [Hg.]: Metzlers Philosophie-Lexikon. S. 178

besondere auch für die Wissenschaft sind, werden wir in einem späteren Kapitel noch erfahren.)

Auch wenn wir erst einmal nicht so weit gehen, zu behaupten, dass eine Außenwelt nur existiert, sofern sie auch wahrgenommen wird, lässt sich doch Folgendes feststellen: Was und wie wir wahrnehmen, wird nicht allein durch die betrachteten Gegenstände bestimmt. Eine Vielzahl von Faktoren nimmt Einfluss auf unsere Wahrnehmungsprozesse. Das beginnt bereits damit, dass Menschen z. B. ein Fahrrad, das sie sehen, nur dann als Fahrrad identifizieren können, wenn sie bereits wissen, was ein Fahrrad ist. Es geht dabei gar nicht um das Wort »Fahrrad«, sondern um das Konzept, das hinter diesem Begriff steht. Solange wir keine Idee davon haben, was es bedeutet, dass ein Gegenstand als Fahrrad bezeichnet werden kann, werden wir die verschiedenen Sinneseindrücke, die dieser Gegenstand uns verschafft, nicht zuordnen können. Diese Sinneseindrücke blieben somit ohne Bedeutung. Ganz davon abgesehen, dass jemand, der nicht weiß, was ein Fahrrad ist, damit sicher auch nicht fahren kann …

Das heißt also: Um mit einer Wahrnehmung – und letztlich mit dem wahrgenommenen Gegenstand – überhaupt etwas anfangen zu können, müssen wir bereits über diverse Vorstellungen verfügen, die wir mit den entsprechenden Sinneseindrücken vergleichen können. Der Philosoph Arthur Schopenhauer formuliert seine Auffassung von diesem Verhältnis zwischen Realität, Gegenstand und wahrnehmendem Subjekt in seinem Werk »Die Welt als Wille und Vorstellung« wie folgt:

Die Welt ist meine Vorstellung: – […] Es wird [dem Menschen] deutlich und gewiß, daß er keine Sonne kennt und keine Erde; sondern immer nur ein Auge, das eine Sonne sieht, eine Hand, die eine Erde fühlt; daß die Welt, welche ihn umgibt, nur als Vorstellung da ist, d.h. durchweg nur in Beziehung auf ein Anderes, das Vorstellende, welches er selbst ist. […] Keine Wahrheit ist also gewisser, von allen andern unabhängiger und eines Beweises weniger bedürftig, als diese, daß Alles, was für die Erkenntniß da ist, also die ganze Welt, nur Objekt in Beziehung auf das Subjekt ist, Anschauung des Anschauenden, mit Einem Wort, Vorstellung. Natürlich gilt Dieses, wie von der Gegenwart, so auch von jeder Vergangenheit und jeder Zukunft, vom Fernsten, wie vom Nahen: denn es gilt von Zeit und Raum selbst, in welchen allein sich dieses alles unterscheidet. Alles, was irgend zur Welt gehört und gehören kann, ist unausweichbar mit diesem Bedingtseyn durch das Subjekt behaftet, und ist nur für das Subjekt da. Die Welt ist Vorstellung.[11]

Die Frage nach der Rolle des Betrachters – des Subjekts im Erkennen der Welt – beschäftigt jedoch nicht nur Philosophen. Auch Wissenschaftler – wie wir später noch sehr eindrucksvoll sehen werden – und Künstler versuchen, sich auf ihre jeweils spezifische Art und Weise einer Antwort anzunähern.

Das Wort »Subjekt« leitet sich vom lateinischen »subiectum« ab, was wörtlich soviel wie »das Daruntergeworfene« bedeutet. Nach Aristoteles wird mit diesem Begriff der substanzielle Träger von bestimmten Eigenschaften, Zuständen oder Wirkungen bezeichnet.

Von hier aus hat sich […] die auch heute noch geläufige grammatische Unterscheidung von Subjekt und Prädikat entwickelt.[12]

---
[11] Schopenhauer, Arthur: Die Welt als Wille und Vorstellung. S. 31 f.
[12] Prechtl, Peter ; Burkard, Franz-Peter [Hg.]: Metzlers Philosophie-Lexikon. S. 499

In erkenntnistheoretischen Überlegungen nimmt das Subjekt die Rolle des »Ich« ein, das sich einem »Nicht-Ich« oder einem Objekt gegenübersieht, auf das es sein Denken, Verhalten und Handeln ausrichtet.

Das expressionistische Theater zu Beginn des 20. Jahrhunderts z. B. fokussierte sehr stark auf den Einfluss des Subjekts. Es verstand sich selbst als Ausdruck (deshalb »Expressionismus«) des schöpferischen Individuums, das nur in sich selbst das Bild der Welt finden kann, weshalb die Kunst aus der inneren Erfahrung des Künstlers geschaffen wird. Konkret hieß das auf dem Theater, dass z. B. Aspekte der Psyche als eigenständige Figuren auftraten. Auf diese Weise erschuf das Innere eines Menschen ein Bild der Welt (auf der Bühne).

Die Beschreibung einer Inszenierung von Walter Hasenclevers Drama »Der Sohn« aus den 1920er Jahren veranschaulicht diesen Gedanken:

> Die anderen Figuren [neben dem Sohn] waren als Abspaltungen von der Sohn-Seele angelegt. Ihr spezifisches Verhältnis wurde jeweils durch die Choreographie der Bewegung ausgedrückt. Der Freund [...] agierte als ›alter ego‹ des Sohnes: Beide bewegten sich in exakter Gleichzeitigkeit. Das Fräulein verkörperte die guten und positiven Gedanken. Als [...] diese die Oberhand gewannen, bewegte sich das Fräulein [...] zur Mitte hin und nahm sogar auf dem zentralen Sitz des Sohnes Platz. Der Vater [...] dagegen stellte das despotische, wilhelminisch autoritäre ›Über-Ich‹ des Sohnes dar, von dem es sich zu befreien galt. In der Auseinandersetzung [...] saßen beide in strenger Profilansicht ›Auge in Auge‹ sprungbereit einander gegenüber, sprangen gleichzeitig auf und versuchten, das Zentrum zu besetzen.[13]

In derselben Inszenierung findet sich auch die Idee, dass das Subjekt die Außenwelt erst konstituiert und sie beeinflusst, künstlerisch ausgeformt und dargestellt:

> Quasi durch die Emotionen des Sohnes [der Titelfigur] in Gang gesetzt, erschienen [die übrigen Figuren] lautlos und marionettenhaft auf der Bühne. Hörte der Sohn auf, sich mit ihnen zu beschäftigen, verschwanden sie wieder im Dunkeln. Sprach er in ihrer Anwesenheit frontal ins Publikum oder wandte seinen Blick von ihnen, erstarrten sie. Wenn sein Blick sie traf, ging ein Ruck durch ihren Körper und sie erwachten wieder zu […] Leben […].[14]

Hier lassen sich die Nebenfiguren als Ausdruck der Realität des Sohnes auslegen. Sobald er den Blick, der als Wahrnehmung überhaupt interpretiert werden kann, von ihnen wendet, hören sie auf zu existieren. Und erst durch ihn, durch sein Bewusstsein erwachen sie wieder zum Leben. So existieren Realitäten quasi nur dadurch, dass ein Mensch sie *wahr*nimmt. Es zeigt sich, wie der Geist des Menschen die Energie zur Materie werden lässt.

Doch nicht nur, *was* wir wahrnehmen, auch *wie* wir wahrnehmen, wird beeinflusst von den Erwartungen an und den Vorstellungen von den Gegenständen. Nehmen wir zum Beispiel die Musik: Beim Musikhören erwarten wir (zumeist unbewusst) bestimmte musikalische Formen und Strukturen, die wir auch brauchen, um das Gehörte überhaupt in eine Ordnung bringen und damit die Musik als Ganzes erfassen zu können. Ganz einfache Beispiele dafür, die sich bereits häufig als alltägliche Hörgewohn-

---

[13] Fischer-Lichte, Erika: Kurze Geschichte des deutschen Theaters. S. 312.
[14] Fischer-Lichte, Erika: Kurze Geschichte des deutschen Theaters. S. 311 f.

heiten manifestiert haben, sind der Wechsel von Strophe und Refrain im Lied, das der Komposition zugrunde liegende zwölfstufige Tonsystem, eine bestimmte Abfolge der Harmonien, eine metrische Ordnung oder auch bestimmte rhythmische Figuren. Mit solchen – und vielen anderen – Hörgewohnheiten ausgestattet versuchen wir, die gehörte Musik zu erfassen, und richten dabei unsere Aufmerksamkeit quasi nach vorn: Wir erwarten die Erfüllung einer Form, eines Schemas oder einer Struktur, deren (vor uns liegenden) Verlauf wir bereits zu kennen meinen.

Wenn wir nun allerdings Neue Musik (beispielsweise von Arnold Schönberg, Paul Hindemith oder noch moderner, von John Cage oder Steve Reich) hören, die mit traditionellen Hörgewohnheiten bricht, fehlt uns diese vorausschauende Kenntnis der Formen und Schemata. Denn Neue Musik sucht nach ganz neuen Kompositionsprinzipien, die mit herkömmlichen ordnungsgebenden Kategorien nicht mehr viel zu tun haben. So verändert sich auch die Wahrnehmung dieser Musik: Wir können nicht mehr eine bestimmte Struktur oder Figur antizipieren, die von der Musik dann erwartungsgemäß ausgefüllt wird. Stattdessen müssen wir unsere Aufmerksamkeit auf das Vergangene richten und Strukturen im Nachhinein wahrnehmen. Dies ist vermutlich mit ein Grund, weshalb das Erfassen – und auch Genießen – Neuer Musik häufig Schwierigkeiten und sogar Anstrengungen bereitet.

Nun ist es aber auch gerade die Kunst, die es sich zunutze machen kann, dass unsere Wahrnehmung von unseren Vorstellungen und Erwartungen geleitet wird. Denn die aufregendsten und schönsten Effekte erzielt Kunst oft dort, wo sie Erwartungen bricht und Vorstellungen unterläuft und damit immer auch ein wenig an den Grundfesten unseres Weltbildes rüttelt. Es sind diese Überraschungen, die Unvorhersehbarkeiten, die verblüffenden

Assoziationen und erstaunlichen Neuentdeckungen, die einen Film spannend machen, ein Buch fesselnd, ein Bild ergreifend, eine Pointe treffend oder die uns beim Hören eines Liedes eine Gänsehaut über den Rücken laufen lassen. Und dafür bedarf es nicht einmal unbedingt einer bahnbrechenden Neukreation; auch – oder gerade? – unkonventionellen und außergewöhnlichen Interpretationen von Klassikern gelingt es immer wieder, unsere Rezeptionsgewohnheiten auszuhebeln und Überraschungseffekte zu erzielen. Sei es, dass ein Pianist eine ganz neue Art und Weise entdeckt, Bach-Fugen zu spielen, oder dass ein Theaterregisseur einem klassischen Motiv auf der Bühne eine völlig neue Bedeutung gibt oder dass konventionelle Figurenkonstellationen eines Romans zu einem gänzlich unkonventionellen Ende führen ... Alles ist denkbar. In allen Fällen wird mit unseren Erwartungen an die Situation und unseren Vorstellungen von der Welt gespielt.

Wir begegnen der Welt also mit einem Repertoire an (unbewussten) Vorstellungen von ebendieser Welt und versuchen auf diese Art und Weise, die Realitäten zu begreifen. Die Vorstellungen wirken dabei auf unsere Wahrnehmungen und unser Denken und lassen ein oder mehrere Bilder von der *wirklichen* Welt buchstäblich entstehen, das vermutlich mehr mit uns selbst als mit den *objektiven* Gegebenheiten zu tun hat. Damit unsere Vorstellungen von der *realen* Welt unser Denken nun nicht blockieren und wir nicht Gefahr laufen, infolgedessen unseren Zugang zu den Realitäten selbst vehement zu beschränken, ist es wichtig, zu verstehen, wie unsere Vorstellungen entstehen und welchen Beeinflussungen sie unterliegen können.

Quellen unserer Vorstellungen

Unsere Vorstellungen von der Welt entstehen aus dem Nichts und aus allem gleichzeitig. Und geht man einmal über die einfachen gegenständlichen Wahrnehmungen – wie z. B. die eines Fahrrads – hinaus, wird auch schnell deutlich, dass die Entstehung und Beeinflussung der Vorstellungen die unterschiedlichsten Ursachen haben kann. Eine Vielzahl von Faktoren wirkt entscheidend auf unsere Wahrnehmungen und unsere Denkprozesse: Da sind natürlich nicht zuletzt unsere Erfahrungen, Erkenntnisse und Erinnerungen; aber auch die Werte, die in unserer Gesellschaft von Bedeutung sind, prägen unsere Ideen darüber, wie die Welt beschaffen ist. Des Weiteren wirken kulturelle oder religiöse Zusammenhänge wie auch Traditionen oder ideologische Ansichten. Je nachdem, wie und wo und in welchem sozialen, familiären Umfeld wir aufwachsen und geprägt werden, können sich deshalb die Vorstellungen von bestimmten Aspekten der Realitäten ganz grundlegend unterscheiden.

Betreffen diese unterschiedlichen Vorstellungen Alltägliches, sind die Folgen meist nicht besonders schwerwiegend. Sie lösen vielleicht Erstaunen, Irritationen oder auch Missverständnisse aus, erhöhen aber nicht selten auch das Interesse am Anderen und erweitern unser Weltbild um Aspekte, die uns bisher unbekannt waren. Sehr gravierend werden die Unterschiede allerdings bei abstrakten Überlegungen zu Weltanschauungen und Wertesystemen. Gerade ethische Maßstäbe und Richtlinien unterscheiden sich je nach kulturellem oder religiösem Hintergrund häufig sehr. Das führt dann nicht selten zu grundsätzlich ganz verschiedenen Auffassungen und Bewertungen von ein und derselben Sache.

Man denke z. B. nur einmal an die immerwährende Diskussion zwischen Europa und Amerika um die Todesstrafe. Der Todesstrafe wird in Europa eine ganz andere Bedeutung zugeschrieben als in Amerika, wo sie in einigen Bundesstaaten zur – zwar nicht alltäglichen, jedoch etablierten – juristischen Praxis gehört. Der Koordinator für die deutsch-amerikanische Zusammenarbeit im Auswärtigen Amt, Karsten D. Voigt, machte in einem Interview auf den scharfen Unterschied in der Bewertung aufmerksam:

> Inzwischen [...] empfinden wir in Europa die Todesstrafe nicht mehr als eine Frage des Rechtssystems, sondern als eine Frage des Menschenrechts. Damit haben die Europäer das Gefühl, dass die Amerikaner nicht ein anderes Rechtssystem haben, in dem sie die Todesstrafe praktizieren, also ein Rechtssystem, über das man strittig diskutieren kann. Sondern die Europäer haben das Gefühl, die Amerikaner verletzen die Menschenrechte und sind in Bezug auf Menschenrechte in dieser Frage auf einem Status, den sie als Demokratie nicht haben sollten. Die Mehrheit der Amerikaner würde die Todesstrafe nie unter Menschenrechtsfragen subsumieren. Die Europäer tun es.[15]

Die Diskussion um die Todesstrafe ist ein besonders dramatisches Beispiel. Andere Beispiele sind etwa die Fragen nach der Stellung der Frau in der Gesellschaft oder nach dem Verbleib der Seele von Verstorbenen, auch das Verhältnis von Religion und Staat, die Strafmündigkeit von Minderjährigen, der Umgang mit Tieren, der Genuss von Rauschmitteln oder die Stellung des Menschen im Verhältnis zur Gesellschaft oder zu Gott. Sie werden je nach Religionszugehörigkeit, Tradition, Herkunft, Gesell-

---

[15] Thränert, Oliver: Ein Gespräch mit Karsten D. Voigt. In: International Politics and Society 2/2001 Politik und Gesellschaft Online.

schaftsform etc. ganz verschieden betrachtet. Bekanntes Beispiel ist die heilige Kuh im Hinduismus. Sehen wir hierzulande das Rind im Wesentlichen als Nutzvieh, sieht ein Anhänger des Hinduismus darin ein heiliges, unantastbares oder zumindest symbolisch bedeutsames und schützenswertes Geschöpf. In den Schriften des Hinduismus gibt es die Kuh als Göttin, und in der Lebensgeschichte des Krishna, der Inkarnation des Gottes Vishnu, ist zu lesen, dass dieser als Kuhhirte aufwuchs. In den hinduistischen Riten spielen Milch und Joghurt oder auch geklärte Butter eine wichtige Rolle, denn Kuhprodukte werden als rein und reinigend betrachtet.

> Einige der heiligen Kühe in Indien gehören zu Tempeln, die meisten jedoch ziehen frei in den Städten umher und sind darauf angewiesen, von den Gläubigen Futter zu erhalten, die sie auch oft mit Blumen bekränzen und ihnen zum Zeichen der Verehrung Safran darreichen. Für den gläubigen Hindu ist Rindfleisch als Speise tabu, und die Tötung einer Kuh gehört zu den schwersten Sünden.[16]

Hindus nehmen eine Kuh deshalb ganz anders wahr; für sie sind Kühe Teil ihrer religiösen Realität und nicht verwertbares Nutzvieh. Wir sehen: Entsprechend den Unterschieden in den Vorstellungen von der Welt werden die Wahrnehmungsprozesse und so auch das Bild, das man sich von der Welt macht, tiefgreifend beeinflusst.

Ein weiteres verblüffendes Beispiel dafür, in welchem Maße eine solche Beeinflussung stattfinden kann, liefert die Psychologie: Mit

---

[16] Hattstein, Markus: Weltreligionen. S. 18

dem Begriff der »Kognitiven Dissonanz«[17] beschreibt sie eine Theorie, die belegt, dass Menschen bestimmte Informationen – je nachdem, ob sie eine zurückliegende Entscheidung bestätigen oder deren Richtigkeit in Frage stellen – möglichst so wahrnehmen bzw. deuten, dass sie die bereits getroffene Entscheidung bekräftigen. Ein Beispiel: Sie haben sich ein neues Auto gekauft und sind mit Ihrer Entscheidung eigentlich zufrieden. Sie kann aber auch nicht mehr rückgängig gemacht werden. Lesen Sie nun, nachdem das Auto bereits gekauft ist, in einem Auto-Magazin positive Testergebnisse zu diesem Modell, nehmen Sie diese als Bestätigung der zurückliegenden Entscheidung wahr (auch wenn die Testergebnisse de facto überhaupt nicht auf Ihre Entscheidungsfindung eingewirkt haben). Hingegen werden mögliche negative Testresultate oft als nicht ausschlaggebend bewertet oder überhaupt gar nicht erst wahrgenommen, sodass die zurückliegende Entscheidung nicht infrage gestellt werden muss. Diese Prozesse vollziehen sich im Unbewussten und haben zum Ziel, Konflikte, die aus dem Widerspruch zwischen der Entscheidung und den neuen Informationen entstehen können, zu vermeiden. Nach dem Motto: »Was ich nicht sehe, gibt es nicht!«

Widersprüche sind für unser Denken sowieso eine schwierige Angelegenheit. Solange wir uns auf die Logik berufen, müssen wir Widersprüche auflösen, denn die Existenz zweier sich widersprechender Aussagen ist unlogisch. Doch die Welt ist nun mal auch unlogisch. Es gibt einfach Widersprüche und Paradoxa im

---

[17] Eines der Standardwerke zur »Kognitiven Dissonanz« ist u. a.: Beckmann, Jürgen: Kognitive Dissonanz – eine handlungstheoretische Perspektive.

Leben, die sich nicht auflösen lassen, zumindest nicht rational. In der westlichen Denkweise ist dies normalerweise ein Problem. Die östliche Philosophie hingegen macht sich diesen Umstand sogar zunutze. Sie versucht nicht, paradoxe Aspekte der Realitäten zu verbergen, sondern nutzt Widersprüche, um den menschlichen Geist zu entfesseln und das gewohnte sogenannte logische Denken zu durchbrechen. Gerade mystische Erfahrungen sollen sich auf diesem Wege mitteilen.

Der Zen-Buddhismus hat ein ganzes System von paradoxen Rätseln entwickelt – die sogenannten Koans –, um Denkprozesse zu befreien: Koans sind »sorgfältig konstruierte, scheinbar unsinnige Rätsel, die dem Schüler des Zen die Grenzen der Logik und des logischen Denkens auf höchst dramatische Weise einprägen sollen. Die irrationale Wortwahl und der paradoxe Inhalt dieser Rätsel machen es unmöglich, sie durch Denken zu lösen. Sie sollen ja gerade den Denkprozess anhalten und so den Schüler für die nichtverbale Erfahrung der Wirklichkeit empfänglich machen.«[18] So wird ein neuer Bewusstseinszustand erreicht, der mystische Erfahrungen möglich macht. Hier einige Beispiele für ein Koan:

> Goso sagte: »Ein Büffel geht durchs Fenster. Sein Kopf, seine Hörner und vier Beine gehen durch. Aber warum geht der Schwanz nicht auch hindurch?«

> Goso sagte: »Wenn du auf der Straße einen ›Mann des Weges‹ triffst, begegne ihm weder mit Worten noch mit Schweigen. Sag mir, wie wirst du ihm begegnen?«

---

[18] Capra, Fritjof: Das Tao der Physik. Die Konvergenz von westlicher Wissenschaft und östlicher Philosophie, S. 46 f.

Shogen Osho fragte: »Wie kommt es, dass ein sehr starker Mann seine Beine nicht hebt?« Und er sagte noch dazu: »Er spricht auch nicht mit seiner Zunge.«

Shuzuan Osho hielt vor seinen Schülern sein Shippei (Stock des Meisters) hoch und sagte: »Ihr Mönche! Wenn ihr das einen Stock nennt, dann stellt ihr euch gegen seine Realität. Wenn ihr es keinen Stock nennt, dann leugnet ihr die Tatsache. Sagt mir, ihr Mönche, wie werdet ihr es nennen?«

Basho Osho sagte zu seinen Schülern: »Wenn ihr einen Stock habt, werde ich euch einen Stock geben. Wenn ihr keinen Stock habt, werde ich euch einen wegnehmen.«

Ein Mönch fragte Joshu: »Warum kam Bodhidharma nach China?« Joshu antwortete: »Die Eiche im Garten.«

Für unsere Ohren mögen Koans klingen wie widersinnige Scherzrätsel, für Zen-Schüler sind sie Stufen auf dem Weg der Erkenntnis.

Die Vereinigung von Widersprüchen findet sich aber auch in europäischen Zusammenhängen. Im dem biographischen Roman »Leonardo da Vinci« von Dimitri Mereschkowski ist Leonardo da Vinci ein synkretistisches Wesen aus Christ und Antichrist; sein Verhalten zu seiner Innen- und Außenwelt ist androgyn. Da Vinci vereinigt in dieser Darstellung das Weibliche und das Männliche in seiner Kunst und hebt die Widersprüche, hebt These und Antithese auf.

Widersprüche sind echte Herausforderungen für unser Denken, doch auch unser *normaler* Alltag beinhaltet eine Vielfalt an Aufgaben für das Denken. Um die alltäglichen Abläufe zu vereinfachen, legen wir uns deshalb unbewusste Denkmechanismen zu. Die Psychologie bezeichnet diese Mechanismen als kognitive Stile. Da sie Automatismen enthalten, beschleunigen sie unsere Denkprozesse und helfen uns, uns in der Komplexität unseres alltäglichen Lebens zurechtzufinden. Ohne sie würden schon die einfachsten Tätigkeiten wie Geschirr spülen oder die Wohnungstür verschließen eine enorm große Denkleistung bedeuten. Denkmechanismen sind also in gewisser Weise durchaus *positiv* zu sehen. Die Psychologie erkennt aber auch, dass sie unser Denken blockieren und zu einem gewissen Stillstand bringen können und so u. U. auch psychische Probleme verursachen. Es sind oft »automatische Gedanken« wie »So funktioniert das sowieso nicht …« oder »Mir fehlt einfach die kreative Ader …«, die das freie Denken von Menschen behindern oder sogar verhindern.

Der sogenannte Routinestil als eine Form dieser Denkmechanismen ist für uns von besonderem Interesse, da er feste Denkgewohnheiten offenbart und wir so Selbstbeschränkungen in unseren Denkprozessen erkennen können. Routinen äußern sich zumeist in alltäglichen Standardsituationen, die wir bewältigen, ohne weiter darüber nachdenken zu müssen. Bereiten wir uns z. B. einen Kaffee zu, folgen wir einer gewissen Routine wie auch beim Verschließen unserer Wohnungstür oder beim Starten eines Automotors. Und auch bestimmte Reaktionsweisen wenden wir routiniert an, da wir alle über ein Repertoire an Standardreaktionen verfügen.

Der eine wimmelt beispielsweise eine Telefonumfrage in der Regel mit dem Verweis darauf ab, dass er jetzt keine Zeit habe; ein anderer sagt geradeheraus, dass es ihm nicht passt, wenn er durch solche Anfragen belästigt wird; und ein dritter beantwortet geduldig die Fragen, die ihm gestellt werden. So hat jeder seine Reaktion quasi automatisch parat. Das erleichtert das Leben ungemein. Man muss nicht jedes Mal neu darüber nachdenken, was man nun von solchen Umfragen hält, ob man überhaupt jetzt dafür Zeit hätte, wie man der Person am anderen Ende der Leitung begegnen will, welchen Eindruck man hinterlassen möchte oder ob einem das alles im Grunde ganz egal ist.

Wenn wir einmal eine Lösung für ein praktisches Problem gefunden haben – d. h. uns ein Programm zurechtgelegt haben, das den Anforderungen des Alltags oder bestimmter häufig auftretender Situationen gut zu genügen scheint –, dann wäre es Verschwendung, jedes Mal aufs Neue eine Lösung zu erarbeiten. Daher hat die Evolution uns so konstruiert, dass uns Programme, die wir oft durchlaufen, mit der Zeit »in Fleisch und Blut übergehen«, d. h. automatisiert werden, zu Routinen werden. [19]

Sind Automatismen einerseits sehr hilfreich, werden sie andererseits zum Problem, wenn es sich um blinde Automatismen handelt. Kommt es dann zu unvorhergesehenen Änderungen, verhindern sie eine angemessene Reaktion und verlieren damit ihren Nutzen und ihren Sinn. Stellen Sie sich vor, bei der Telefonumfrage sitzt am anderen Ende der Leitung ein wunderbarer Mensch, dessen schöne Stimme Ihnen sofort auffällt und Sie direkt ins Herz trifft. Noch bevor Ihnen dies klar geworden ist, hat Ihr Automatismus das Telefonat bereits abgewimmelt, und die Stimme ist auf »Nimmerwiederhören« verschwunden ...

---

[19] Bülow von; Christopher: Menschliche Sphexishness. Warum wir immer wieder dieselben Fehler machen. S. 6 f.

Je weiter ein Programm automatisiert ist, desto unflexibler werden wir, die wir uns beim Erreichen eines Zieles auf das Programm verlassen. Wir können nicht mehr so einfach Teile des Programms abändern oder aus dem Zusammenhang herausgelöst ausführen oder zwischendurch »improvisieren«. [...] Je mehr ein Programm automatisiert wird, desto mehr kann sein Sinn in Vergessenheit geraten, denn desto seltener haben wir es nötig, uns den Sinn ins Bewusstsein zu rufen, um den nächsten Schritt zu tun. Das Wissen um den Sinn verblasst mangels Gebrauch. Das dürfte auch dahinter stecken, wenn wir auf die Frage, warum wir etwas gerade so machen, antworten: »Keine Ahnung, das mache ich einfach so«, oder sogar: »Das macht man halt so.« Wir denken uns nichts (mehr) dabei, es ist normal für uns (geworden); u. U. ist eine Routine für uns so selbstverständlich wie Luft oder Schwerkraft geworden, so dass wir nicht einmal mehr bemerken, dass wir überhaupt etwas tun.[20]

Dass hier die Gefahr für Denkblockaden und Selbstbeschränkungen sehr hoch ist, ist offensichtlich. Ist das nicht paradox?

Hinter bestimmten Denk-, Reaktions- und Handlungsmustern stehen nicht selten auch unreflektierte Klischeevorstellungen oder Ängste. Sie müssen jedoch überhaupt erst einmal erkannt werden, bevor die aus ihnen resultierenden Gewohnheiten durchbrochen werden können. Manchmal ist schon ein offener Blick auf unsere Sprache diesbezüglich sehr aufschlussreich. Die Sprache in all ihren verbalen, schriftlichen und nonverbalen Erscheinungsformen ist nämlich ein Abbild und ein Ausdruck unserer Gedanken, und gerade Klischees finden sich z. B. immer wieder

---

[20] Bülow von; Christopher: Menschliche Sphexishness. Warum wir immer wieder dieselben Fehler machen. S. 5 ff.

in Redewendungen oder im allgemeinen Sprachgebrauch manifestiert. Der unreflektierte Gebrauch führt dann wiederum zur Verfestigung des Klischees, das zum Normalfall wird, und so formt unser Sprechen unser Denken und seine IN-FORMATIONEN! Das ist auch der Grund, warum Feministinnen immer wieder darauf beharren, dass sich im Sprachgebrauch auch die weibliche Form von Personen- oder Berufsbezeichnungen durchsetzen muss, damit in unserem Denken Frauen von bestimmten Bereichen nicht länger ausgeschlossen werden.

Selbst wenn sich die Tatsachen längst geändert haben, sind unsere Sprachgewohnheiten – und damit auch unsere Denkgewohnheiten, ihre Ab- oder Ausdrücke – häufig noch sehr lang sehr hartnäckig und lassen sich nur bewusst abändern. Erst wenn unsere Gedanken sich ändern, ändert sich auch unsere Sprache. Es bedarf dafür eines emotionalen Originals!

Emotionen spielen bei der Beeinflussung unseres Denkens eine überaus große Rolle. So sind auch sie häufige Ursache für Denkmuster. Ganz entscheidender Auslöser für Denkgewohnheiten und Automatismen sind z. B. Phobien der unterschiedlichsten Art. Gerade die Ängste vor einem Versagen, vor Veränderungen oder vor persönlicher Ablehnung sind weit verbreitet und häufige Ursachen dafür, dass Menschen unfrei entscheiden und handeln. Sie standen vermutlich selbst auch schon mehr als einmal vor der Notwendigkeit, einen *Fehler* oder einen *Irrtum* einzugestehen. Haben Sie in diesen Fällen nicht auch daran gedacht, dass Ihr Image durch den Fehler vielleicht einen Schaden nimmt oder dass eine Ihnen nahestehende Person möglicherweise enttäuscht sein wird? Wie haben Sie sich entschieden? – Und wie steht es im Grunde mit dem Eingeständnis gegenüber sich selbst? Es ist nämlich immer wieder auch das Selbstbild, das in gewisser Weise geschützt werden soll, wenn unbewusste Ängste zum Tragen kommen. Die seelenstärkste Form der Angst ist letzten Endes die Angst vor unserem Selbst. Es ist eine Angst vor der Offenbarung. Die Angst davor, sehen zu müssen, was man nicht sehen will. Es ist die Angst vor dem Unvorstellbaren, das sich in unserem Selbst zeigt. Und Menschen, die diese Angst überwunden haben, sprechen deshalb von der göttlichen Katharsis. Ihr Selbst ist gereinigt, indem es sich selbst erkannt hat.

Betrachtet man die verschiedenen Einflüsse, die andauernd unser Denken aus unterschiedlichsten Perspektiven bestimmen, stellt sich alsbald die Frage, ob wir überhaupt über so etwas wie Willensfreiheit verfügen oder ob wir doch bloß determinierte, fremdgesteuerte und automatenhafte Wesen sind. So eine Vorstellung von Determinismus kann schnell in Fatalismus umschlagen, und das wäre verheerend, denn das hieße: Es ist egal, was ich tue, die Dinge nehmen einfach ihren Lauf.

Aber es macht einen Unterschied, was ich tue; aus Determinismus folgt kein Fatalismus. Ob [z. B.] bei mir eingebrochen wird und ob [mein Freund] Otto seinen Fehler einsieht, ist nicht in einfacher, geradliniger Weise von irgendwelchen mir äußerlichen Umständen abhängig, vom Wetter oder dem Stand der Sterne oder von Ottos »Natur«. Einer der wichtigsten mit verursachenden Faktoren ist mein Verhalten.[21]

---

[21] Bülow von; Christopher: Willensfreiheit und Sphexishness. S. 2.

Wenn Determinismus so verstanden wird, dass eine entscheidende determinierende Größe mein eigenes Verhalten ist, dann schließt Determinismus Willensfreiheit nicht aus. Aus Determinismus folgt dann nicht, dass ich für immer auf ein bestimmtes Denken und Verhalten festgelegt und den Bedingungen des Universums völlig ausgeliefert bin. Ich habe trotz der äußeren (und inneren psychologischen) Umstände, die mein Denken und Verhalten beeinflussen, die Möglichkeiten, durch mein eigenes Verhalten den Lauf der Dinge bewusst zu ändern. Die Freiheit, selbst zu entscheiden, ist deshalb von so großer Bedeutung, weil sie die Bedingung dafür ist, dass ein Mensch Verantwortung für sein Handeln übernehmen kann. Denn:

> Wenn alle menschlichen Handlungen aus vorausliegenden Umständen nach Gesetzen hervorgehen, dann ist zu bezweifeln, daß Personen für ihre Handlungen moralisch verantwortlich sind.[22]

Eine grundsätzliche Schwierigkeit im Umgang mit den verschiedenartigen Einflüssen, die unser Denken bestimmen, liegt vor allen Dingen darin, dass diese zumeist unbewusst wirken. Da sie unseren Gewohnheiten und unseren sozialen Prägungen entspringen, empfinden wir sie zunächst nicht als etwas Fremdes. Und es bedarf oft eines langwierigen und auch schwierigen Prozesses, um erstarrte und blockierende Muster überhaupt zu erkennen und schließlich aufzubrechen. Denn unsere individuellen Vorstellungen und Ansichten liegen häufig tief in unserem Inneren verborgen, überlagert von all dem gelernten, angeeigneten, habituellen und aktuellen Wissen. Bei Friedrich Nietzsche lesen wir:

---

[22] Prechtl, Peter ; Burkard, Franz-Peter [Hg.]: Metzlers Philosophie-Lexikon. S. 97

Die erste Meinung, welche uns einfällt, wenn wir plötzlich über eine Sache befragt werden, ist gewöhnlich nicht unsere eigene, sondern nur die landläufige, unsrer Kaste, Stellung, Abkunft zugehörige; die eignen Meinungen schwimmen selten obenauf.[23]

Es bedarf deshalb einer bewussten Auseinandersetzung mit den Determinanten des eigenen Denkens. Für viele Menschen liegt der Beginn eines solchen Prozesses nicht selten in der Auseinandersetzung mit dem eigenen Elternhaus, denn gerade hier werden nachhaltige Prägungen vollzogen. Besonders das durch die Eltern oder durch entsprechende feste Bezugspersonen vermittelte Wertesystem hat großen Einfluss auf die persönlichen Entscheidungen und Handlungen. Schließlich ist es das fremdvorgestellte System, mit dem man aufwächst, von dem man vorgeprägt wird, in dem man seine ersten und entscheidenden Erfahrungen und Erkenntnisse macht, und das in einer Entwicklungsperiode – nämlich in der Kindheit –, in der die Grundlagen unseres gesamten Lebens gelegt werden. Und spätestens bei der Berufswahl entstehen dann bei vielen jungen Menschen starke Konflikte mit den Eltern, weil diese beispielsweise einen Beruf bevorzugen, der eine gewisse Sicherheit verspricht, wohingegen junge Menschen nach der Schule vor allen Dingen ihre persönlichen Neigungen und Leidenschaften berücksichtigen wollen.

An dieser Stelle prallen oft also das elterliche Wertesystem und die eigenständig entwickelten Gedankenflüsse aufeinander, und bisher gewohnte Muster werden über Bord geworfen. Sie wissen vermutlich aus eigener Erfahrung, wie schwierig sich solch ein Prozess gestalten kann.

---

[23] Nietzsche, Friedrich: Der Mensch mit sich allein. Nr. 571. S. 326

Diese Prozesse sind jedoch unerlässlich für die eigene Identitätsbildung und für die Entfaltung der Persönlichkeit, sie verändern das eigene Leben grundlegend, was häufig verbunden ist mit tiefen Konflikten und so manch schmerzhafter (Selbst-)Erkenntnis. Doch einmal begonnen, entfesseln sie eine Energie, deren Drang zur weiteren Entfaltung kaum mehr aufzuhalten ist. Noch einmal in Nietzsches Bildern gesprochen:

> »Das leichte Befassen mit freien Meinungen gibt einen Reiz, wie eine Art von Jucken; gibt man ihm mehr nach, so fängt man an, die Stellen zu reiben; bis zuletzt eine offene schmerzende Wunde entsteht, das heißt: bis die freie Meinung uns in unserer Lebensstellung, unsern menschlichen Beziehungen zu stören, zu quälen beginnt.«[24]

Es müssen ja nicht immer gleich Qualen sein, die uns heimsuchen, doch geht es bei der Suche nach fremdbestimmenden Einflüssen am Ende um existentielle Fragen des Selbst. Und so ist ein gewisses Pathos im Stile Nietzsches durchaus angebracht.

---

[24] Nietzsche, Friedrich: Der Mensch mit sich allein. Nr. 605. S. 336

2
Die Schranken unseres Denkens sind die Grenzen unseres Da- und Hierseins

Eingeschränktes Denken und festgefahrene Gewohnheiten haben weitreichende Folgen, da sie unsere Wahrnehmungen der Welt und vor allen Dingen auch unsere Selbstwahrnehmung stark beeinträchtigen. Deshalb bleiben unzählige Aspekte und Facetten der Welt und unseres Selbst oft sehr lange oder sogar für immer unentdeckt. Die (Selbst-)Beschränkungen durch Denkmuster und zugrunde liegende Ängste verstellen z. B. immer wieder den Blick für das Neue und für Innovationen – und letztlich für die Realität. »Weil nicht sein kann, was nicht sein darf« – diese Einstellung hat wohl schon so manche Entdeckungen verhindert oder zumindest verzögert. Wie hartnäckig die menschlichen Vorstellungen von der *realen* Welt sein können, zeigt ein Beispiel aus der Wissenschaft, die ebenso wenig vor dem Festhalten an Gewohnheiten gefeit ist wie Sie und ich.

In seinem Buch »Eine kurze Geschichte der Zeit« beschreibt der bekannte Physiker Stephen Hawking den Umstand, dass es bis ins 20. Jahrhundert hinein gedauert hatte, bis Wissenschaftler überhaupt auf die Idee kamen, dass das Universum sich ausdehnen könnte, obwohl man bereits seit Ende des 17. Jahrhunderts aufgrund der Newtonschen Gravitationstheorie das expandierende Verhalten des Universums hätte voraussagen können.

Man ging allgemein davon aus, das Weltall habe entweder seit jeher in unveränderter Form bestanden oder es sei zu einem bestimmten Zeitpunkt mehr oder weniger in dem Zustand erschaffen worden, den wir heute beobachten können. Zum Teil mag dies an der Neigung der Menschen gelegen haben, an ewige Wahrheiten zu glauben, und vielleicht ist es auch dem Trost zuzuschreiben, den sie in dem Gedanken fanden, dass sie selbst zwar alterten und starben, das Universum aber ewig und unveränderlich ist. Selbst diejenigen, die wissen mussten, dass nach Newtons Gravitationstheorie das Universum nicht statisch sein kann, kamen nicht auf die Idee, es könnte sich ausdehnen.[1]

Auch andere Wissenschaftszweige verschlossen sich immer wieder beharrlich neuen Erkenntnissen oder Entdeckungen und schwangen sich zu gar absonderlichen Erklärungsversuchen auf, um an alten Vorstellungen festhalten zu können. Mitte des 19. Jahrhunderts wurde im Neandertal bei Düsseldorf der erste Frühmensch entdeckt. Doch für viele der damals etablierten Anthropologen war diese großartige Entdeckung eines neuen Menschentypus einfach nicht zu akzeptieren:

> Viele Gelehrte mochten nicht anerkennen, dass die Knochen aus dem Neandertal überhaupt sehr alt waren. August Mayer, ein einflussreicher Professor der Universität Bonn, behauptete steif und fest, die Knochen stammten von einem mongolischen Kosaken, der als Soldat 1814 in Deutschland gekämpft habe, verwundet wurde und zum Sterben in die Höhle gekrochen sei. Als T. H. Huxley in England von dieser Idee hörte, bemerkte er trocken, es sei doch sehr ungewöhnlich, dass ein tödlich ver-

---

[1] Hawking, Stephen: Eine kurze Geschichte der Zeit. S. 17

wundeter Soldat 20 Meter hoch klettert, dann die Kleidung und sämtliche persönlichen Habseligkeiten ablegt, die Höhlenöffnung verschließt und sich 60 Zentimeter tief in der Erde vergräbt. Ein anderer Anthropologe grübelte über die dicken Brauenwülste des Neandertalers nach und äußerte die Vermutung, sie könnten durch ständiges Stirnrunzeln entstanden sein, dessen Anlass ein schlecht verheilter Unterarmbruch war.[2]

Dass eine durch Denkmuster eingeschränkte Sicht auf die Welt mögliche Fortschritte oder Entdeckungen verhindert, ist nur eines der Probleme, die entstehen. Wichtiger erscheinen mir indes die Auswirkungen, die das Ganze auf den einzelnen Menschen hat. Wenn Entscheidungen aufgrund fremdbestimmten Denkens getroffen werden, stehen diese nicht im Einklang mit unseren wirklichen inneren Überzeugungen. Das heißt, meine Entscheidungen und meine Handlungen entsprechen nicht meinem Selbst. Und das führt früher oder später zu Konflikten und Frustrationen. Daraus entwickeln sich Problemstellungen, die weitreichende Konsequenzen für eine gesamte Lebensführung haben können. Welche Ausmaße dies annehmen kann, soll im Folgenden erläutert werden, denn fremdbestimmte Entscheidungen wirken zumeist weit über den eigentlichen Gegenstand der Entscheidung hinaus. Wesentlich sind die möglichen Beeinträchtigungen des individuellen Selbst. Sie können vielfältige Erscheinungsformen annehmen und sind manchmal auch nur über Umwege auf Fremdbestimmungen zurückzuführen.

---

[2] Bryson, Bill: Eine kurze Geschichte von fast allem. S. 548 f.

Sind die Gedanken frei?

Das grundlegende Problem fremdbestimmten Entscheidens und Handelns liegt in der Widersprüchlichkeit von äußeren Handlungen und inneren Einstellungen. Wenn ich nicht das tue, wovon ich überzeugt bin, bzw. das tue, wovon ich nicht überzeugt bin, dann führt das über kurz oder lang zu Frustration, inneren Spannungen und Konflikten. Hinzu kommt das Problem, dass Fremdbestimmungen zumeist unbewusst geschehen, sodass ich mir dieses Widerspruches zwischen meinen Grundsätzen und meinen Handlungen gar nicht bewusst bin. Deshalb kann ich auch die Ursachen der entstehenden Konflikte nicht erkennen und die Konflikte letztlich nicht lösen. So kommt es nicht selten vor, dass Menschen unzufrieden sind, ohne zu wissen, warum. Sie denken, sie tun das Richtige, versäumen es jedoch, zu reflektieren, worin für sie das *Richtige* im Grunde besteht. Stattdessen tun sie das, was andere für *richtig* halten – und sind sich dessen nicht einmal bewusst. Nicht zu vergessen, dass auch unsere Wahrnehmung und Interpretation der Welt, die wir vorfinden, von Fremdeinflüssen bestimmt sein kann. Hier stellt sich das Problem, dass wir in diesem Falle Ansichten von der Welt als Grundlage unserer Entscheidungen heranziehen, die gar nicht wirklich unsere eigenen Ansichten sind. Außerdem unterwerfen wir uns einer drastischen Selbstbeschränkung in der Wahrnehmung unseres Selbst und der Realität. Es liegt auf der Hand, dass dies zu Problemen führen muss. Vor allen Dingen wird es auf dieser Grundlage unmöglich sein, die Chancen und Inspirationen, die in uns selbst und in der Welt zu entdecken sind, wahrzunehmen und zu verwirklichen.

Die konkreten Folgen von Fremdbestimmungen sind vielfältig. Ein großes Problem stellt die Beeinträchtigung des Selbstwertgefühls dar. Es macht einen großen Unterschied, ob Sie Dinge tun, weil diese schon irgendwie *richtig* sind und man sie eben tun sollte, oder ob Sie genau wissen, *warum* Sie es tun und dass Sie es tief in Ihrem Inneren für richtig halten, es zu tun. Wenn Sie sich bewusst sind, dass Sie eine Entscheidung treffen, weil sie im Einklang mit Ihren tatsächlichen Auslegungen steht, dann schöpfen Sie die Legitimation zu dieser Entscheidung aus sich selbst. Sie machen sich unabhängig von den Ansichten anderer und stärken Ihr Selbstwertgefühl. Denn Ihre eigene Persönlichkeit hat so viel Wert und so viel Kraft, dass Sie selbst den Ausschlag geben für Ihre Entscheidungen. Diese Gewissheit über den Wert und das Vermögen des eigenen Selbst bleibt aus, wenn es an der entsprechenden Bestätigung fehlt. Und Bestätigung erfahren Sie nur, wenn Sie sich *bewusst* sind, dass Ihre Entscheidungen kraft Ihrer persönlichen Grundsätze entstanden sind. Ohne dieses Bewusstsein können Sie gar nicht wissen, ob Sie selbstbestimmt gehandelt haben oder nicht. Solange die Möglichkeit der Fremdbestimmung bestehen bleibt, werden Sie aus der Situation keine Bestätigung für Ihr Selbst und damit keine Stärkung Ihres Selbstwertgefühls entwickeln können. Es droht stattdessen die Gefahr, dass das Selbstwertgefühl unter der ausbleibenden Bestätigung sogar nachhaltig leidet und das Vertrauen in die eigenen Fähigkeiten und Möglichkeiten verloren geht.

Gleichermaßen wichtig ist die Problematik der Selbstbestimmung für die Frage nach der eigenen Verantwortung: Sind Sie bereit und in der Lage, für Ihre Entscheidungen und Handlungen die volle Verantwortung zu übernehmen und alle Konsequenzen zu tragen? – Diese Frage lässt sich nur mit Ja beantworten, sofern Sie auf Grundlage Ihrer wirklichen inneren Grundsätze agieren. Spätestens wenn es darum geht, für Fehlentscheidungen oder Irrtümer geradezustehen, offenbart sich, ob Sie tatsächlich zu Ihrer

Entscheidung stehen können. Treten hier Widersprüche zwischen Handlungen und inneren Ansichten zutage, wird so manch einer die Verantwortung lieber von sich weisen wollen. Und auch wenn es Erfolge zu feiern gibt, werden nur diejenigen die Freude darüber wirklich auskosten können, die wissen, welchen Beitrag sie selbst zum Erfolg in seiner emotionalen Mannigfaltigkeit geleistet haben.

Die Frage nach der Verantwortungsbereitschaft erhält eine besondere Bedeutung, wenn es darum geht, Verantwortung für sich selbst – für die Entwicklung der individuellen Persönlichkeit – zu übernehmen. Hier ist es von außerordentlicher Wichtigkeit, dass alle Aktivitäten reflektiert, selbstbestimmt und authentisch unternommen werden. Die Konflikte, die andernfalls entstehen, sind meist besonders schwerwiegend. Jeder kennt die Unzufriedenheit, die entsteht, wenn man bestimmte Dinge nur tut, weil man weiß, dass sie von einem erwartet werden oder dass andere sie für gut halten. Diese Unzufriedenheit lässt sich auch durch soziale Anerkennung kaum kompensieren und verschärft sich drastisch, wenn diese Dinge dem eigenen Fortkommen dienen sollen. Sind Sie selbst nicht überzeugt von der Richtigkeit der Maßnahmen, die Ihrer Person zugute kommen sollen, entsteht oft eine um sich greifende Frustration, denn die Aktionen müssen beinahe zwangsläufig ihr Ziel verfehlen, wenn sie letztlich nichts mit Ihnen zu tun haben. Darüber hinaus sehen Sie sich selbst missverstanden oder verkannt. Zum anderen verschwenden Sie geistige Energie für ein Vorhaben, das Sie weder für sinnvoll noch für angemessen halten. Und zu guter Letzt werden dadurch unter Umständen auch noch Ihre *wirklichen* Absichten und Wünsche verhindert.

Sie können sich vorstellen, welche Auswirkungen solche Entwicklungen auf einen Menschen haben können: Schon das Selbstwertgefühl wird sicher nicht ohne Schaden bleiben, wenn wesentliche Aspekte der eigenen Individualität von anderen nicht bemerkt oder nicht als wichtig erkannt werden. Stattdessen werden zweitrangige Talente gefördert und unterstützt. Die besonders ausgeprägten Begabungen bleiben jedoch ungenutzt und damit auch eine Menge Entwicklungsmöglichkeiten. Sie wissen selbst, dass man in den Bereichen am weitesten kommt, für die man innere Begabungen empfindet. Hier kann man sich frei entfalten, hat kreative Ideen, ist in der Lage, herkömmliche Wege zu verlassen und Neues zu entdecken.[3]

In der Folge der Vernachlässigung wahrer Talente bleiben erfüllte Begeisterung, Zufriedenheit und Kreativität jedoch aus. Frustration und das Gefühl, eigentlich unglücklich zu sein, treten an ihre Stelle. Wer sein Leben auf dieser Basis führt, wird kaum in der Lage sein, die vielfältigen Möglichkeiten, die das Leben bereithält, wahrzunehmen.

Das heißt also: Wer sich und sein Leben fremden Bestimmungen unterwirft, steht letztlich der Entfaltung des eigenen Selbst im Wege. Denn in letzter Konsequenz liegt es an uns selbst, Fremd-

---

[3] Auch die Wissenschaft beschäftigt sich eingehend mit diesem Thema. Die US-amerikanische Johnson O'Connor Research Foundation widmet sich z. B. seit 1922 hauptsächlich der Erforschung der menschlichen Fähigkeiten. Das spezielle Angebot des Instituts umfasst auch einen wissenschaftlich fundierten Begabungstest für alle Interessierten. Hierbei wird ausdrücklich betont, dass sich durch eine Bewusstwerdung der eigenen Begabungen zu jedem Zeitpunkt des Lebens Möglichkeiten für die individuelle Persönlichkeitsentwicklung ergeben, sodass auch ein bereits hohes Lebensalter von einem solchen Test nicht abhalten sollte. – Informationen über das Institut sowie die erwähnte Studie finden Sie unter: www.jocrf.org/index.html.

bestimmungen zu erkennen und zu überwinden. Selbstbestimmung ist eine unerlässliche Voraussetzung, um ein Leben zu führen, das in Übereinstimmung steht mit den Vorstellungen. Nur so ist es möglich, die eigene Vielfalt wirklich wahrzunehmen und zu nutzen. Wer sich nicht einengen lässt durch fremde Denkweisen, stattdessen dem eigenen Denken ausreichend Freiraum gibt und Platz schafft für Kreativität, der wird der Realität und dem eigenen Leben mit offenem Blick entgegentreten und so Möglichkeiten und Dimensionen entdecken, die anderen Menschen verschlossen bleiben.

Die Realität wird eine ganz andere sein, denn Sie selbst heben die Schranken des Denkens und des Wahrnehmens auf, wenn Sie sich von fremden Mustern und Vorgaben lösen. Sie entdecken Ihre ganz persönliche Realität, denn Sie können Ihre eigenen Vorstellungen von der Welt entwickeln, unabhängig von den Ansichten anderer. Und wie wir zu Beginn schon feststellten, sind die Vorstellungen, die wir uns von der Welt machen, ganz entscheidend dafür, wie wir die *reale* Welt wahrnehmen. Das gilt auch für uns selbst: Je freier Sie die Vorstellungen über sich selbst kreieren, umso freier werden Sie sich selbst entwickeln. Letztlich gibt es nur die Grenzen, die Sie selbst errichten.

Durchbrechen Menschen die Schranken ihres Denkens, dann entfesseln sie ihr eigenes Da- und Hiersein. Großartige Kunstwerke, weltbewegende wissenschaftliche Erkenntnisse, herausragende Persönlichkeiten – all dies und vieles mehr sind Ausdrucksformen davon, dass Menschen Grenzen des Denkens und des eigenen Daseins überwunden haben.

Wir ordnen's. Es zerfällt.

Grenzen zu überschreiten, die eigenen Möglichkeiten zu entfesseln, das ist für viele Menschen nicht einfach. Wir wiegen uns lieber in Sicherheit, folgen bekannten Pfaden und geben den Dingen in der Welt eine Ordnung, die wir erfassen können.

Täglich nimmt unser Geist unzählige und sehr unterschiedliche Eindrücke in sich auf. Alle diese Eindrücke, die unaufhörlich auf uns einströmen, werden von unserem Geist sozusagen absorbiert. Alles, was wir hören, sehen, fühlen, schmecken, riechen etc., hinterlässt einen Eindruck.

Bei all dem versuchen wir, unsere eigene Position zu bestimmen und verwenden unseren *logischen* Verstand, um die Dinge anhand *logischer* Kategorien wie Ursache und Wirkung einzuordnen. Dieser Prozess verläuft großenteils unbewusst und wie automatisch. Unser Geist scheint ganz darauf ausgelegt, die Dinge, die sich ihm zeigen, verstehen und ergründen zu wollen. Wir versuchen also unentwegt, eine Ordnung in das immer wieder neu entstehende Chaos zu bringen. Dabei berufen wir uns auf unseren Verstand und setzen auf die *eiserne* Logik. Wir stellen logische Beziehungen her, überprüfen das Geschehen anhand der uns bekannten Muster und unterwerfen unser Denken ganz dem Prinzip von Ursache und Wirkung. Dies erscheint uns überaus vernünftig, denn selbst die Wissenschaft hat sich ganz dieser Vorgehensweise verschrieben.

Chaos, die Auflösung aller Ordnungen, kann und will nicht akzeptiert werden. Was sich dem bekannten Schema nicht fügt, das wird voreilig für irregulär erklärt oder ganz verworfen. Wir sind also kontinuierlich damit beschäftigt, eine akzeptable Struktur herzustellen, was eine mühevolle Arbeit ist, die obendrein zuweilen an ihre Grenzen stößt. Als Folge bewegen wir uns oft nur an der Oberfläche der Dinge und vermeiden es – wohl aus pragmatischen Gründen –, tiefer in das Geschehen der nicht immer erklärbaren und faszinierenden Welt einzutauchen.

Der berühmte Dichter Rainer Maria Rilke, der in seinem Empfinden und Denken weit über die *allgemeine Norm* hinausging, erkannte das verbreitete Streben nach Struktur und Ordnung als eine grundsätzliche Kernfrage unseres Daseins. Er schrieb:

Und wir: Zuschauer, immer, überall,
dem allen zugewandt und nie hinaus!
Uns überfüllt's. Wir ordnen's. Es zerfällt.
Wir ordnen's wieder und zerfallen selbst.[4]

Der Mensch will sich also in eine wohlgeordnete Struktur einreihen, muss jedoch immer wieder feststellen, dass es ihm nicht vollständig gelingt. Dabei geraten wir wiederholt an Punkte, welche die normierten Kategorien des uns Bekannten infrage stellen. Solche Momente lösen eine Irritation aus, die sich kaum auflösen lässt. Wir leben daher in einer Realität, die sich ausschließlich im Rahmen unserer oft begrenzten Vorstellungskraft bewegt. Und wir können uns nur das vorstellen, was mit unseren Erfahrungen und Erkenntnissen im Einklang steht. Was sich außerhalb dieser Norm bewegt, wird für irreal oder surreal erklärt, weil es nicht aus den Erfahrungswerten abgeleitet werden kann. Deshalb gilt: *Was sich der Mensch nicht vorstellen kann, das existiert nicht.*

---

[4] Rilke, Rainer Maria: Duineser Elegien. S. 51

Wir sind es gewohnt, unser Wissen unmittelbar von unseren Sinneseindrücken abzuleiten. Nur das, was wir sinnlich erfahren haben, können wir weiterdenken. Eine Vorstellung von Dingen jenseits dieser Erfahrungen wird bestenfalls in die Gefilde der Fantasie eingegliedert. Ein allzu kühnes Vorgehen wird hier mit einer fantastischen Träumerei gleichgesetzt und von der Allgemeinheit süffisant belächelt. Es ist eine geläufige Methode, das Fantastische, das Traumhafte und Unerklärbare mit Prädikaten zu versehen, die Skepsis verursachen und auch provozieren sollen. Auf diese Art und Weise wird hartnäckig versucht, die bedrohte Ordnung wiederherzustellen und Irritationen, die zu einer Erschütterung des *realen* Weltbildes führen könnten, zu vermeiden.

Ganz generell gilt die von der Wissenschaft propagierte und auf Logik beruhende Denkweise, zumindest in der westlichen Zivilisation, als vorbildlich. Wer sich hier an die vorgegebenen Parameter hält, gilt als kritischer und intelligenter Geist. Doch auch der ambitionierte Forschergeist fragt in der Regel ausschließlich nach dem, was im Bereich seiner persönlichen Vorstellungskraft liegt. Damit werden oft nur solche Antworten gefunden, die bereits in der Natur der Frage angelegt sind. Nun ist es aber zugleich die Wissenschaft selbst, die bestätigt, dass der Mensch lediglich einen Bruchteil der in ihm schlummernden Möglichkeiten nutzt. Wie groß dabei das brachliegende intellektuelle und emotionale Potenzial ist, lässt sich nicht einmal in vagen Dimensionen bestimmen. Bekannt ist nur, dass der Mensch von Fesseln gehalten wird, die er sich selbst angelegt hat.

Allen Begrenzungen zum Trotz finden sich dennoch immer wieder vereinzelt Geister, denen es gelingt, sich jenseits der vorgegebenen Bahnen zu bewegen. Auch hier liefert die moderne Wissenschaft ein plastisches Beispiel von enormer Tragweite. Im ausgehenden 19. Jahrhundert war sich der spätere Nobelpreisträger Max Planck nicht sicher, ob er tatsächlich Physik studieren solle. Also suchte er Rat bei dem renommieren Physik-Professor Philipp von Jolly. Dieser vertrat, entsprechend der allgemeinen damaligen Auffassung, die Meinung, dass in der Physik alles Wesentliche bereits erforscht sei. Jolly gab Planck den eindringlichen Rat, sich ein anderes Forschungsgebiet zu wählen, da Planck für die Physik viel zu begabt sei.

Glücklicherweise hatte Planck den gut gemeinten Vorschlag ignoriert und sich schließlich doch für die Physik entschieden. Denn auf diesem Gebiet sollte er zum Begründer der Quantenphysik und damit zum Wegbereiter der modernen Physik schlechthin werden.

3
Wenn die Wissenschaft recht hat, ist die Welt verrückt

Die Quantentheorie ist ein beeindruckendes Zeugnis dafür, wie bisher Undenkbares mit einem Mal Realität wird. Weil einige kreative Geister es wagten, die bis dato gültigen Grenzen der Physik, ihres eigenen Denkens, des Da- und Hierseins überhaupt hinter sich zu lassen, wurden völlig neuartige und vorher unbeschreibbare Dimensionen der Welt und ihrer Realitäten eröffnet. Mit dieser neuen Richtung in der Physik wurde die mühsam sortierte Ordnung des Wissens mit einem Schlag durcheinandergewirbelt. In der Physik blieb nichts mehr so, wie es einmal war. Die von Max Planck formulierte Hypothese von den Quanten, die von Albert Einstein und Nils Bohr weiterentwickelt und schließlich von Werner Heisenberg u. a. ausgebaut wurde, veränderte das Denken einer ganzen wissenschaftlichen Disziplin. Mehr noch – die Theorie zeigt, dass an der herkömmlichen kausalen Erklärbarkeit der Welt nicht mehr festgehalten werden kann. Die Quantentheorie führt damit auch zu dermaßen drastischen philosophischen Konsequenzen, dass viele Denker diese nicht einmal zu denken wagen. Denn plötzlich wurde möglich, was bisher unmöglich erschien, und real, was bisher als irreal oder surreal galt.

Es ist im Rahmen dieses Buches nicht möglich, die Grundannahmen der Quantentheorie eingehend zu erläutern, denn sie sind ungemein komplex und nur sehr schwer zu verstehen.[1] Mir ist es stattdessen wichtiger, einen Eindruck davon zu vermitteln, welch ungeheure Denkdimensionen und Kreativität hinter den wissenschaftlichen Erkenntnissen der Quantentheorie stecken und auf welch dramatische Art und Weise diese unser gesamtes Weltbild infrage stellen.

Die Quantentheorie:
Wenn das Teilchen nicht weiß, wo es ist ...

Die Theorie der Quanten befasst sich mit den Phänomenen, die in mikrophysikalischen Systemen auftreten und die mit den klassischen physikalischen Erkenntnissen nicht mehr beschreibbar sind. Die Theorie basiert auf Max Plancks Hypothese, dass Licht, Röntgenstrahlung und andere Wellen nur in abgegrenzten Paketen – in sogenannten Quanten – abgegeben werden können, dass Energie also nichts Kontinuierliches ist wie fließendes Wasser und nicht in unbestimmten Raten ausgesendet werden kann. Dies wurde in einem Experiment entdeckt, bei dem Licht auf ein Stück Metall in einem Vakuum gestrahlt wurde, wodurch subatomare geladene Teilchen, bekannt als Elektronen, aus dem Metall geschlagen wurden. Das Experiment ergab, dass die Energiemenge, die jedes einzelne Elektron erhielt, unverändert blieb, und daraus folgte »daß die Energie innerhalb des Lichtstrahls in örtlich begrenzten Päckchen transportiert wird, die [...] ›Quanten‹ oder ›Photonen‹ genannt werden«.[2]

---

[1] Eine auch für Laien verständliche und dennoch sehr fundierte Einführung in das Thema Quantenphysik können Sie z. B. nachlesen in: Rae, Alastair: Quantenphysik: Illusion oder Realität? oder auch bei: Zeilinger, Anton: Einsteins Schleier. Die neue Welt der Quantenphysik.
[2] Rae, Alastair: Quantenphysik: Illusion oder Realität? S. 18

Die Quantenphysik beschreibt Phänomene im atomaren und subatomaren Bereich und ist damit Grundlage für eine Vielzahl von angrenzenden Fachgebieten wie z. B. der Atomphysik, der Kern- und Elementarteilchenphysik etc. Mithilfe der Erkenntnisse der Quantenphysik werden physikalische Phänomene erklärbar, die jedoch mittels unseres herkömmlichen Verständnisses anschaulich schon kaum mehr vorstellbar sind. Ein Beispiel dafür ist das Verhalten von Licht: Licht verhält sich nämlich unter bestimmten Umständen wie eine Welle, unter anderen Bedingungen aber wie ein Teilchenstrom – je nachdem, wie wir das Licht beobachten. Überraschend ist dabei: Es gibt nur ein Entweder-oder; wir können Licht entweder als Welle beobachten oder als eine Menge von Teilchen, aber niemals beides zugleich.

Der Umstand, daß Licht […] sowohl Teilchen- als auch Welleneigenschaften haben muß, wird Welle-Teilchen-Dualismus genannt. Damit zeigt sich eine allgemeine Eigenschaft der Quantenphysik, daß nämlich das Modell, mit dem das System beschreibbar ist, vom Wesen der Apparatur abhängt, mit der das System wechselwirkt […]. […] Eine der Folgen des Welle-Teilchen-Dualismus ist, daß er die Menge an Information über ein Quantensystem, die zu einem Zeitpunkt zugänglich ist, beschränkt. Das heißt, wir haben die Wahl, *entweder* die Welleneigenschaften des Lichts zu messen, indem wir das Licht einen Doppelspalt passieren lassen, […] *oder* die Photonen [die einzelnen Licht-Teilchen] zu beobachten, wie sie durch die Spalte treten, […] doch nie können wir beides zur selben Zeit tun.[3]

Und dabei »handelt es sich nicht um einen Mangel an ausreichend genauen Messinstrumenten, sondern es ist eine unverän-

---
[3] Rae, Alastair: Quantenphysik: Illusion oder Realität? S. 23

derliche Eigenschaft des Universums«[4]. Bekannt ist dieser Umstand als die Heisenbergsche Unschärferelation:

> Die *Heisenbergsche Unschärfebeziehung* ist eine der Grundaussagen der Quantenphysik. Anschaulich gesagt bedeutet sie nichts anderes, als dass man es sich aussuchen kann, ob man entweder den Ort eines Teilchens sehr genau bestimmen will, also wo es ist – dann bleibt aber seine Geschwindigkeit ungenau bestimmt. Oder umgehrt: Man kennt seinen Impuls, also die Geschwindigkeit, dann aber ist der Ort ungenau bestimmt. Beides, Ort und Geschwindigkeit, lassen sich nicht gleichzeitig genau bestimmen. [...]. Es ist [aber] nicht nur unmöglich, beide gemeinsam genauer zu messen, sondern das Teilchen selbst kann keine genaueren Eigenschaften besitzen. Wissen wir also sehr genau, wo es ist, dann ist seine Geschwindigkeit sehr ungenau festgelegt; das heißt, nicht einmal das Teilchen selbst besitzt eine wohldefinierte Geschwindigkeit. Genauso umgekehrt: Wenn das Teilchen eine sehr genaue Geschwindigkeit besitzt, dann »weiß« es nicht, wo es ist![5]

Aber woher »weiß« denn das Teilchen, wie ich es beobachte und welche Eigenschaft ich von ihm gerade messe und kenne? – Spätestens hier kommt man mit *logischem* Menschenverstand nicht mehr weiter. Die Quantenphysik entzieht sich allein schon aufgrund ihrer unglaublichen Dimensionen jedem Verstand, der sich den Gesetzen der herkömmlichen Logik unterordnet. Bis heute wird versucht, die offensichtlich unbegrenzten Möglichkeiten dieser Theorie zu verstehen. Wirklich klar ist vor allem: Die Theorie kann nicht widerlegt werden. Viele anerkannte Phy-

---

[4] Bryson, Bill: Eine Geschichte von fast allem. S. 188
[5] Zeilinger, Anton: Einsteins Schleier. Die neue Welt der Quantenphysik. S. 52 f.

siker sehen sich hier mit einer Realität konfrontiert, die man unter anderen Umständen für verrückt erklärt hätte. Mit der Quantentheorie werden Photonen, Elektronen, Protonen oder sogar ganze Atome dazu gebracht, sich entgegen jeder bisher bekannten Norm zu verhalten: Quanten sind, wenn sie sich unbeobachtet fühlen, überall und nirgends, Geschehnisse mit Quanten lassen sich nie genau vorhersagen, Quanten scheinen etwas über entfernte Objekte zu wissen[6], ohne sie besucht zu haben, Quanten reisen scheinbar durch das Universum. Damit gelten die über Jahrhunderte entwickelten traditionellen Gesetze der Physik plötzlich nicht mehr. Alles, was ist, was sich uns als Wirklichkeit offenbart, scheint nichts anderes zu sein als nur eine mögliche Realität unter vielen möglichen Realitäten. Dies sagt – und das ist das Erstaunliche – die moderne Wissenschaft selbst.

Für den »*normalen*« Menschen ebenfalls sehr verwirrend ist ein Phänomen, das als Verschränkung von Teilchen bezeichnet wird:

[Anton] Zeilinger erklärt das Phänomen anhand einer Sciencefiction-Würfelmaschine. Drückt man auf einen Knopf, fallen zwei Würfel heraus. Jeder der beiden Würfel ist unverfälscht; rein zufällig kann also eine der Zahlen von 1 bis 6 oben liegen. Das Besondere: Die beiden Würfel zeigen immer die gleiche Augenzahl. In der Realität gibt es dieses Phänomen bei Würfelpaaren natürlich nicht, erstaunlicherweise hat man es aber in Experimenten bei Paaren von Teilchen wie Photonen, Elektro-

---

[6] Ausgerechnet Einstein – ein hartnäckiger Zweifler an der Quantentheorie – war es, der zeigen konnte, dass laut Quantentheorie voneinander getrennte Teilchen sich unter bestimmten Umständen gegenseitig beeinflussen können, obwohl zwischen ihnen keine bekannte Wechselwirkung besteht. – Eine ausführliche Erläuterung dieses Phänomens ist nachzulesen u. a. in: Rae, Alastair: Quantenphysik: Illusion oder Realität? S. 50 ff.

nen oder gar Atomen beobachtet. Die Physiker sprechen von »Verschränkung«. [...] Besonders irritierend: Verschränkte Teilchen besitzen keinerlei persönliche Merkmale. Erst wenn man ein Teilchen beobachtet, wird die beobachtete Eigenschaft erzeugt. »Sie war vorher nicht da«, unterstreicht Zeilinger. Es ist, als hätten die Würfel keine Augenzahlen, bevor man sie anschaut. Erst wenn man hinsieht, liegt 1 oben oder 3 oder 6. Doch hat man dieses Merkmal an einem Würfel respektive einem Teilchen beobachtet, kann man sicher sein, dass der andere Würfel, das andere Teilchen das gleiche Merkmal hat, egal, wie groß die Distanz zwischen den beiden auch sein mag.[7]

Normalerweise sind wir es gewohnt, die Realitäten aus dem sinnlich Erfahrbaren abzuleiten. Wir glauben, was wir sehen, hören, riechen, fühlen, schmecken etc. Der Mensch ist also ein Beobachter seiner Umwelt, die Realitäten ergeben sich aus den Erfahrungen und den Erkenntnissen der gewonnenen Eindrücke. Wir sehen also beispielsweise einen Baum und zweifeln nicht im Geringsten daran, dass das tatsächlich ein Baum ist. Meist ordnen wir den Dingen anschließend noch bestimmte Eigenschaften zu: Der Baum hat eine bestimmte Größe, hat viele Zweige, trägt Blätter und Früchte. Der Quantenphysiker, der sich daran macht, kleinste Teilchen zu beobachten, steht nun vor dem Phänomen, dass bestimmte Teilchen zunächst über keinerlei spezifische Merkmale verfügen. Diese Eigenschaften werden erst durch die Beobachtung selbst kreiert! Es wird also erst durch die Beobachtung eine Eigenschaft geschaffen, die vorher womöglich gar nicht vorhanden ist. Und es geht noch weiter: Sogar die emotionale Art der Beobachtung verändert die Eigenschaft eines Teilchens. Das

---

[7] Vonarburg, Barbara: Die spannendste Erkenntnis. In: Tages-Anzeiger (Schweiz) vom 2. März 2006

beobachtete Teilchen ist demnach ein anderes als dasselbe, wenn es nicht beobachtet wird.

Was muss ein menschlicher Geist vollenden, um überhaupt eine solche Idee zu entwickeln? Wie frei soll das Denken sein, um diese doch offensichtlich absurde Möglichkeit ernsthaft in Betracht zu ziehen? Oder muss man einfach nur verrückt genug sein?

Die Beispiele zeigen eindrucksvoll, dass der Beobachter eine zentrale und sogar schöpferische Rolle in der Wissenschaft um die Quanten spielt. Wenn Eigenschaften erst dadurch erzeugt werden, dass sie beobachtet werden, dann stellt sich nun sofort die Frage: Wie ist die Welt denn beschaffen, wenn wir sie *nicht* beobachten? Ist es ein Nichts und ein Alles zugleich?

> Die Quantentheorie lehrt uns, daß nichts gemessen oder beobachtet werden kann, ohne daß es gestört wird, so daß die Beobachterrolle für das Verständnis eines jeden physikalischen Prozesses entscheidend ist, in der Tat so entscheidend, daß manche dazu verleitet wurden, den menschlichen Geist für die einzige Wirklichkeit zu halten und anzunehmen, daß alles andere, einschließlich des physikalischen Universums, nur eine Illusion sei.[8]

Gehen wir noch einmal zurück zu den verschränkten Teilchen:

> »Es ist wirklich so, dass die Welt ganz anders ist, als wir uns das mit dem gesunden Menschenverstand vorstellen«, bestätigt der Physiker [Anton Zeilinger]. So gibt es keine Erklärung dafür,

---
[8] Rae, Alastair: Quantenphysik: Illusion oder Realität? S. 14

warum man bei verschränkten Teilchen gerade das eine und nicht das andere Merkmal betrachtet. »Es herrscht hier der reine Zufall.« Die Quantenphysik habe gezeigt, »dass es die kausale Erklärbarkeit der Welt nicht mehr gibt«, sagt Zeilinger. »Nur wissen das die Leute noch nicht – nicht einmal die Philosophen.« Es gibt also Dinge, die geschehen ohne Grund. […] Die Folgen der quantenphysikalischen Erkenntnis sind so weit reichend, dass sie uns alle betreffen: »Wir müssen unser Weltbild ändern.«[9]

Viele der als unabänderlich niemals infrage gestellten Naturgesetze sind damit in letzter Konsequenz aufgehoben. Menschen – insbesondere diejenigen, die es gewohnt sind, ihren sogenannten *nüchternen* Verstand zurate zu ziehen – erklären sich die Zusammenhänge der *realen* Welt mithilfe kausaler Zusammenhänge. Das Prinzip von Ursache und Wirkung ist eines der meistverbreiteten Erklärungsmodelle, das in abgewandelter Ausprägung überall auf der Welt angewendet wird. Was nun aber spätestens bei allen komplexeren Gefügen und Konstellationen schwierig wird, nämlich eine klare Abfolge der wirksamen Mechanismen und ihrer Ursachen herzuleiten, das ist unter den neuen Bedingungen kaum noch möglich. Viele anerkannte Physiker stimmen heute darin überein, dass es die kausale Erklärbarkeit der Welt schlichtweg nicht mehr gibt. Schon Albert Einstein, der anfangs selbst Unbehagen in Anbetracht der neuen Prinzipien empfand, meinte: »Wenn die Quantenphysik recht hat, ist die Welt verrückt.«

---

[9] Vonarburg, Barbara: Die spannendste Erkenntnis. In: Tages-Anzeiger (Schweiz) vom 2. März 2006

Nun können oder wollen es die meisten Menschen jedoch nicht akzeptieren, womöglich in einer Welt zu leben, die sich den Erklärungsversuchen entzieht und stattdessen verrückt zu spielen scheint. Wir sind daher auf der Suche nach unverrückbaren (und nicht nach verrückten) Anhaltspunkten und sehen es viel lieber, wenn die *reale* Welt – wie ein Uhrwerk – nach *logischen* und *eindeutigen* Gesetzen abläuft. Doch alle Experimente, die an das Eingemachte der wohl seltsamsten physikalischen Theorie überhaupt gehen, führen wieder und wieder auf ein und dieselbe Erkenntnis zurück: Die Welt scheint tatsächlich verrückt zu sein und überdies voll von Paradoxa!

Eines der bekanntesten Paradoxa aus dem Bereich der Quantenphysik – sozusagen ein Koan der Physik – ist *Schrödingers Katze*. Mit dieser Bezeichnung wird ein Gedankenexperiment umschrieben, das Erwin Schrödinger anstellte, um zu zeigen, dass die Annahme von Quantenverhalten für große – also makroskopische – Systeme einfach nur absurd wäre.[10]

Schrödingers Katze ist in diesem Gedankenexperiment in einem hermetisch verschlossenen Behälter eingesperrt, zusammen mit einer Apparatur: Diese besteht aus einem radioaktiven Atom, das irgendwann zerfallen kann, einem Geigerzähler, der den Zerfall registriert und einem elektrischen Hammer, der ein Gefäß mit Blausäure zerstört, sobald der Geigerzähler den Zerfall bemerkt hat. Die Katze wird also sterben, wenn das Atom zerfallen ist, vorher bleibt sie am Leben. Wenn wir nun annehmen, dass mit einer Wahrscheinlichkeit von 50 % das Atom in einer Stunde

---

[10] Die Beschreibung des Experiments ist der Darstellung von Anton Zeilinger entlehnt. Vgl. dazu: Zeilinger, Anton: Einsteins Schleier. Die neue Welt der Quantenphysik. S. 99 ff.

zerfallen wird, dann hieße das für einen Quantenphysiker, »dass das Atom nach dieser Stunde in einem Überlagerungszustand der beiden Möglichkeiten ›zerfallen‹ und ›nicht zerfallen‹ existiert«[11]. Erst im Augenblick der Messung entscheidet sich, welcher Zustand besteht. Der Zustand vor der Messung wird begriffen als Überlagerung der möglichen Zustände. Infolgedessen befindet sich auch die Katze in einem Zustand der Überlagerung von »tot« und »nicht tot«, bis das Öffnen des Behälters und die Beobachtung (Messung) entscheiden, ob die Katze tot oder lebendig ist. – »Und dies ist ganz offensichtlich eine bizarre Vorstellung.«[12]

Für die Quantenphysiker war dieses Paradox eine große Herausforderung, die zu weitreichenden Interpretationen der Quantentheorie führte – die *Kopenhagener Deutung*[13] von Niels Bohr und Werner Heisenberg ist die wohl bekannteste. Doch in einem speziellen Sinne sehr beachtenswert ist die Antwort, die Jack O'Neill auf das Gedankenexperiment gibt: »Die Katze ist tot – überlegt doch mal, bei einer hermetisch verschlossenen Kiste!« – Aber das nur am Rande …

---

[11] Zeilinger, Anton: Einsteins Schleier. Die neue Welt der Quantenphysik. S. 100
[12] Zeilinger, Anton: Einsteins Schleier. Die neue Welt der Quantenphysik. S. 100
[13] Die Kopenhagener Deutung ging hauptsächlich der Frage nach, was über die Natur eigentlich ausgesagt werden kann angesichts dessen, dass jede Beobachtung im Bereich der Quanten ja immer auch eine Beeinflussung des beobachteten Systems darstellt. – Siehe dazu Zeilinger, Anton: Einsteins Schleier. Die neue Welt der Quantenphysik. S. 160 ff.

Unsere Welt ist verrückt

Die Wissenschaft hat gezeigt: Die Welt ist ganz offenbar verrückt. Wie gehen die Menschen nun mit einer derartig irritierenden Nachricht um? Die Wissenschaft geht hier zwei Wege: Die einen ignorieren brav, was ohnehin nicht ganz zu verstehen ist, oder greifen allenfalls einige Aspekte der Quantentheorie auf; andere hingegen versuchen, sich ein radikal neues Weltbild zu konstruieren. Doch sind es wenige, die es wagen, sich den neuen Herausforderungen zu stellen. Dies verwundert nicht, werden hier doch mühsam konstruierte Gedankengebäude zum Einsturz gebracht – schließlich gilt es in letzter Konsequenz, die Frage zu beantworten: Was überhaupt ist Realität? Und was kann der Mensch von der Realität überhaupt wissen? Die bestehende Ordnung wird hier zwangsläufig verworfen, und abermals ist das sich bietende Chaos neu zu ordnen. Es ist offensichtlich eine neue Energiedimension, die sich durch diese Infragestellung den Menschen bewusst in der Jetzt-Zeit offenbart.

Viele dieser geradezu überwältigenden Erkenntnisse der Quantenphysik werden von den Wissenschaftlern selbst verdrängt und nur selten kommuniziert. Der Grund dafür liegt nahe: Unser gesamtes Weltbild sollte sich ändern, wenn wir mit dem Bewusstsein leben würden, dass es die eine Realität – an der wir schließlich unser ganzes Handeln ausrichten – womöglich gar nicht gibt. Mehr noch: Nehmen wir nur den Aspekt des Beobachtens, so lässt sich daraus schließen, dass die Realität nicht einfach ist, sondern erst durch uns – durch unser Denken und Empfinden – geschaffen wird. Hieraus ergeben sich natürlich ungeheure Möglichkeiten, die kaum jemand einfach so hinnehmen mag. Dass jeder von uns nicht mehr nur ein abhängiges Geschöpf, sondern tatsächlich selbst aktiver Schöpfer einer eigenen Realität sein kann, geht weit über die Vorstellungskraft hinaus. – Die meisten von uns weisen sich selbst in vorgegebene Schranken zurück, kaum dass wir versuchen, in neue Dimensionen der Realitäten einzudringen. Wir sind es einfach nicht gewohnt, zwischen den Dingen zu leben und für uns selbst zu entscheiden. Viele Ausbruchsversuche machen wir uns selbst zunichte, sie scheitern oft schon im Ansatz. Schnell sind wir bereit, uns artig zurück in die alt bekannte Zwickmühle zu manövrieren: Es kann eben nicht sein, was nicht sein darf.

Greift man nun die seltsamen Erkenntnisse der modernen Physik auf, wirft dies nicht nur neue Fragen für die Physiker selbst auf. In gleicher Weise werden benachbarte Naturwissenschaften wie auch ganz andere Gebiete – z. B. die Psychologie und insbesondere die Philosophie – vor völlig neue Aufgaben gestellt. Denn mit dem, was wir für einen gesunden Menschenverstand halten, ist die Welt hier und JETZT nicht mehr erklärbar.

> Weil unsere Alltags-Weltanschauung, besagter gesunder Menschenverstand, mit den Aussagen der Quantenphysik so seine liebe Not hat, könnte es ja sein, dass vielleicht auch an unserem Menschenverstand etwas faul ist – vielleicht müssen wir an unserer Weltsicht etwas ändern.[14]

Die Auswirkungen einer solchen Annahme auf unser Leben sind dramatisch. Denn unser ganzes Leben und Wirken beruht auf der Vorstellung, dass die Dinge in der Welt in einem kausalen Zusammenhang stehen, der zwar nicht immer durchschaubar sein muss, jedoch immer vorhanden ist. An dieser Grundannahme orientieren wir unsere Entscheidungen und unser Handeln. Mit

---

[14] Zeilinger, Anton: Einsteins Schleier. Die neue Welt der Quantenphysik. S. 207

dem Zufall kommt eine Komponente ins Spiel, die sehr schwer fassbar ist und die für große Verunsicherung sorgt. Gleichzeitig entsteht hier aber auch eine schier unermessliche Vielfalt kreativer Schaffenskraft und schöpferischer Energie. Der Vorstellungskraft sind keine Grenzen mehr gesetzt. Denn auf einmal ist das Unvereinbare vereinbar, Widersprüche sind zulässig, Dinge passieren ohne Grund und sogar ohne Ursache, die Ereignisse streifen die Fesseln logisch kausaler Zusammenhänge ab ... Und auch unsere Rolle im Universum ist plötzlich eine ganz andere. Menschen werden zu Schöpfern, »so daß eins sich ins andere wandelt und Götter zu Menschen, Menschen aber zu Göttern werden können«[15]; ein simpler Vorgang wie das Beobachten eines Teilchens wird zum Schöpfungsakt. Und niemand weiß mit Sicherheit, welche Eigenschaft dieser Vorgang beim nächsten Mal hervorbringen wird ...

In so einer Welt scheint alles möglich zu sein, denn nichts ist mehr undenkbar! – Und das Faszinierendste daran ist: Dies ist keine fiktive Welt, keine kühne Vision, sondern dies ist die Welt, in der wir leben!

---

[15] Mann, Thomas: Joseph und seine Brüder. Der junge Joseph. S. 193

4
Neue Ordnungen und Strukturen unserer Realitäten

Die moderne Physik hat mit der Relativitätstheorie und mit der Quantenphysik die Grenzen der klassischen Logik bereits überschritten. Unsere Sprache jedoch, die wir benutzen, um die entsprechenden physikalischen Phänomene zu beschreiben, funktioniert überwiegend auf Basis kausal logischer Zusammenhänge. Die Möglichkeiten, mit dieser Sprache die atomare und subatomare Wirklichkeit sinnvoll zu beschreiben, sind deshalb nur unzureichend. Die grundlegende Ursache dafür ist, dass wir im atomaren und subatomaren Bereich Phänomene und Tatsachen nicht mehr mit unseren bekannten Sinnen wahrnehmen können, während unsere Sprache eine bildhafte bleibt, die sich immer auf die Welt der menschlichen Sinne beruft.

Die geistige Entwicklung sowie die Hirnreifung sind zentrale Voraussetzungen für den Spracherwerb. Durch den Wachstumsprozess des Säuglings reift sein Gehirn, und damit entwickeln sich gleichzeitig auch seine geistigen Fähigkeiten. Diese Entfaltung der geistigen Fähigkeiten ermöglicht es erst, wahrgenommene Objekte wiederzuerkennen, sich zu erinnern und bestimmte Begriffe den jeweiligen Objekten zuzuordnen.

Sowohl die sprachliche als auch die kognitive Entwicklung sind eng miteinander verbunden. Erst wenn ein Kind alle Bereiche der Sinne mit den Bewegungsabläufen und seinem Denken koordinieren kann, ist es in der Lage, die Sprache zu erwerben. Wir wissen selbst, wie wichtig die Sinneseindrücke beim Erlernen einer Sprache sind. So lassen sich beispielsweise die Begriffe immer am schnellsten lernen, die wir mit einem bildhaften Gegenstand in Verbindung bringen können. Deshalb sagen wir Kindern auch nicht nur beliebige Worte, sondern zeigen zugleich auch auf einen entsprechenden Gegenstand oder nehmen ein Foto oder eine Zeichnung zu Hilfe, um den Begriff mit mehreren Sinnen erfahrbar zu machen. Und das, was wir sinnlich erfahren, nehmen wir wie selbstverständlich als Realität an, während wir an allem, was sich außerhalb dieser Erfahrbarkeit befindet, ebenso selbstverständlich Zweifel hegen.

Was nun aber die Quantenphysik angeht, stößt die von uns gewohnte Vorgehensweise im Umgang mit Sprache an ihre Grenzen. Nichts, was die Physiker hier beschreiben wollen, lässt sich unmittelbar mit den Sinnen erleben: Da ist nichts, was wir direkt hören, sehen, riechen oder berühren könnten. Hier gilt es nun, etwas zu beschreiben, was unsere bekannten Sinne nicht mehr fassen können.

Die empfindlichen und komplizierten Instrumente der modernen Experimentalphysik dringen tief in die submikroskopische Welt ein, in Reiche der Natur, die weit von unserer makroskopischen Welt entfernt liegen, und machen diese Welt unseren Sinnen zugänglich. Sie können dies nur durch eine Kette von Prozessen, an deren Ende zum Beispiel der hörbare Klick eines Geigerzählers oder ein Punkt auf einer Fotoplatte steht. Was wir sehen oder hören, sind nie die untersuchten Phänomene selbst, sondern nur ihre Auswirkungen. Die atomare und subatomare Welt selbst liegt jenseits des Wahrnehmungsvermögens unserer

Sinne. [...] Jetzt [haben] auch die Physiker es mit einer nichtsinnlichen Erfahrung der Realität zu tun, und [...] müssten [...] sich mit den paradoxen Aspekten dieser Erfahrung auseinandersetzen.[1]

Der Physiker Werner Heisenberg stellt zu diesem Problem fest, dass die Begriffe unserer Sprache in diesen Bereichen der Wirklichkeit »sich teilweise als stumpfe Werkzeuge« erweisen, die hier »nicht mehr richtig zu gebrauchen sind«.[2]

An dieser Problematik wird deutlich, wie eng unsere Realitäten und ihre sprachlichen Fassbarkeiten zusammenhängen, wobei die Verbindung durchaus als wechselseitig zu betrachten ist. So wie unsere Sprache in all ihren Formen die Realitäten erfassen muss, können wir Realitäten entstehen lassen u.a. mithilfe unserer Sprache. Entfesseln wir unsere verbale oder nonverbale Kommunikation, entfesseln wir unweigerlich unser Da- und Hiersein. Wir können auch unsere Sprache über die Grenzen des streng Logischen hinausführen und mit ihr in bisher verborgene Gebiete unseres Selbst vordringen. Durch unsere Sprache und all ihre Bilder können wir die in uns liegenden Beautiful Energies wecken und sie an die Oberfläche fließen lassen, wo sie sich frei in einer Vielfältigkeit entwickeln können.

---

[1] Capra, Fritjof: Das Tao der Physik. Die Konvergenz von westlicher Wissenschaft und östlicher Philosophie. S. 49 f.
[2] Vgl. Heisenberg, Werner: Sprache und Wirklichkeit in der modernen Physik. In: Ders.: Sprache und Wirklichkeit.

Grenzen der Sprache

Der Gedanke, mithilfe von Sprache Verborgenes zu entdecken, Unbewusstes ins Bewusstsein zu rufen, fand sich schon vor mehr als 100 Jahren in der Psychologie und später dann auch in der Kunst. Das sogenannte *automatische Schreiben* – auch »écriture automatique« genannt – wurde von dem Psychologen Pierre Janet entwickelt und Ende des 19. Jahrhunderts als Behandlungsmethode eingesetzt, um in unbewusste Regionen der Patienten vorzudringen. Dabei sollten Patienten im Halbschlaf oder in Trance bzw. Hypnose schreiben und so das Unbewusste aufdecken.

Der französische Schriftsteller André Breton[3] übertrug das Verfahren auf den dichterischen Akt. So entdeckte die Literatur diese Methode in den 20er Jahren des vergangenen Jahrhunderts für sich. Sie sah im automatischen Schreiben eine Möglichkeit, das Denken des Schreibenden durch die Freisetzung des Unbewussten zu erweitern und so zu einer ganz neuartigen Kunstform zu gelangen. Das logische Denken, die Vernunft, die bewusste Wahrnehmung und Reflexion sollten während des Schreibvorganges ausgeschaltet werden, so dass alle Aufmerksamkeit auf das Innere des Selbst gerichtet werden konnte. Sämtliche Kontrollinstanzen, die den Bewusstseinsstrom normalerweise steuern, sollten dabei unwirksam gemacht werden.

Ziel des automatischen Schreibens ist es, den Bewusstseinsstrom, den »Film« im Kopf, möglichst ungefiltert aufs Papier zu bringen. Dazu werden in schneller Folge Wörter, Wortgruppen, Satz-

---

[3] André Breton (1896–1966) war der wichtigste Theoretiker des literarischen Surrealismus zu Beginn des 20. Jahrhunderts. Sein »Surrealistisches Manifest« wurde zum Leitprogramm der surrealistischen Literaturbewegung.

stücke etc. ohne Punkt und Komma aneinandergereiht. Ohne dabei auf einen sinnvollen Inhalt, auf Sprach- oder Grammatikregeln zu achten, werden sie – als quasi rein automatische Bewegung der Hand – niedergeschrieben. Es gibt keine Beschränkungen, keine Vorgaben, alles ist möglich und legitim. Satzbau, Rechtschreibung, Wortwahl, Struktur, inhaltliche Vorstellung, moralische Normen – all das spielt in diesem Prozess keine Rolle. Der reine Gedankenfluss mit all seinen Sprüngen, Assoziationen, Widersprüchen oder Widersinnigkeiten soll festgehalten werden. Kommt der Gedankenfluss einmal ins Stocken, soll der Schreibfluss jedoch nicht unterbrochen werden. Dann ist es möglich, z. B. das letzte Wort einfach so lange zu wiederholen, bis der Gedankenstrom sich fortsetzt. Entscheidend ist, dass der Schreibende sich von seinen eigenen zensierenden Instanzen löst und mithilfe der permanenten automatischen Schreibbewegung seine Grenzen des Bewusstseins überschreitet.

Ergebnis des automatischen Schreibens sind unzensierte Abbilder des Denkens, die für die Surrealisten um André Breton wunderbare Kunstwerke waren. Deshalb schlossen sie auch aus, diese Texte im Nachhinein zu überarbeiten oder zu entschlüsseln – denn das hätte das Wesentliche der Texte vernichtet. In den Produkten des automatischen Schreibens wird unbewusste Kreativität erfahrbar gemacht, und häufig werden ganz außergewöhnliche Inhalte und Formen sichtbar gemacht, die mit logisch analytischem Denken nicht nachvollzieh- oder deutbar sind. Sie sind stattdessen unmittelbarer Ausdruck der unter der Oberfläche liegenden Energie, Ausdruck aller Fähigkeiten und Möglichkeiten.

Auf dem Wege des automatischen Schreibens wird Schreiben zum Abbild unseres Selbst. Es fördert unser Unbewusstes zutage und erschafft ein sichtbares Spiegelbild unseres Innern. (Ganz abgesehen davon, dass ja auch schon das individuelle Schriftbild eines Menschen viel Raum zu Analysen und Interpretationen gibt ...)

So ein Spiegelbild erlaubt also tiefe Einblicke in unser innerstes Selbst, und wir können auf diesem Wege wertvolle (Selbst-)Erkenntnisse in unser Bewusstsein rufen, die vorher nur in unserem Unbewussten schlummerten. Deshalb liegt in Methoden wie dem automatischen Schreiben eine bedeutsame Möglichkeit, bislang unentdeckte Aspekte des Selbst freizulegen und zur Entfaltung zu bringen. Die Entwicklung der eigenen Identität erfährt damit wichtige Unterstützung und ist auf dieser Basis bewusst gestaltbar, weshalb das Schreiben durchaus zum Zwecke des aktiven Selbstcoachings herangezogen werden kann.

Die Möglichkeit der Spiegelung des Selbst ist bekanntermaßen zentrales Moment der Methoden des Selbstcoachings, dem modernen Konzept zur individuellen Eigenschulung im Privat- und vor allem im Berufsleben. Deshalb liegt es natürlich nahe, das Schreiben als eine veranschaulichte Kopie der Gedanken, als ein mögliches Instrument für ein effektives Selbstcoaching zu betrachten. Denken und Emotionen von fremden Bestimmungen zu befreien, um so die individuellen Vorstellungen von der persönlichen *realen* Welt und von sich selbst frei entwickeln zu können, ist allerdings nicht nur im Selbstcoaching ein wichtiger Aspekt.

Realitäten jenseits der Gegensätze

Bis hierhin wurde bereits mehrfach erwähnt, dass sich unser aller Denken nicht autonom und allein aus dem Individuum selbst entwickelt: Selbst wenn wir uns dieser Problematik bewusst sind, bleibt es doch zu großen Teilen fremdbestimmt. Die Fesseln der Fremdbestimmung lassen sich nämlich nicht ohne weiteres einfach abschütteln. Eine Ursache dafür ist, dass Denken und Emotionen eine untrennbare Einheit bilden. Wir können keine völlig neue Denkweise annehmen, wenn sich unsere Emotionen zugleich dagegen sträuben. Unsere Empfindungen sind auf eine Weise konditioniert, dass alles, was sich außerhalb einer von außen festgelegten Norm bewegt, emotionales Unbehagen verursacht. Die Gesellschaften, die in der westlichen Welt dominierenden Religionen und unser ganzes Leben sagen uns, dass etwas entweder *richtig* oder aber *falsch* sein kann. Gewisse Polaritäten, die sich gegenseitig bedingen, bei denen das eine nur aus dem anderen entstehen kann, erkennen wir nicht an.

Niemand kann seine Denkweise verändern, wenn zugleich die emotionale Ebene unnachgiebig bleibt. Wir sind es gewohnt, uns auf eine bestimmte Position zu versteifen, die wir dann für *richtig* erklären, während gegensätzliche Standpunkte gleichzeitig nur noch *falsch* sein können. Wir stimmen meistens der einen Seite zu und lehnen die andere ab. Durch den Drang nach klaren Ordnungen, der sich darin äußert, die Dinge unaufhörlich zu klassifizieren und gegeneinander abzuwägen, leben wir in einem emotional eindimensionalen Raum. Gute Gefühle können sich dabei nur dann ergeben, wenn wir uns am äußersten Ende einer vordefinierten Seite befinden. Währenddessen wird der gegensätzliche Pol als grundsätzlich verkehrt empfunden. Auch die lange Strecke, die zwischen den Polen liegt, bleibt für uns meist wertlos und wird als möglicher Standpunkt nicht anerkannt. Immer zieht es uns doch wieder nur zu einem der äußeren Enden hin.

Doch geht der Kontrast zwischen den Polen sofort verloren, wenn wir uns statt der geraden Linie einen Kreis denken, der durch die beiden Pole läuft: Schon gehören rechts und links zu ein und demselben System. Sie widersprechen sich nicht mehr, sondern sind Bestandteil eines Ganzen. Sie sind vielmehr EINS. Was zunächst ganz außen und in großer Entfernung zum anderen Pol lag, befindet sich nun auf einer Kreisbahn, auf der man sich mühelos vom einen zum anderen Aspekt bewegen kann. Das eine führt beinahe von selbst zum anderen.

Die Gegensätze verlieren an Bedeutung, wenn die vordergründige Logik des linearen Denkens durch das Wissen von den ausschließlich polaren Beziehungen aller Dinge abgelöst wird. Eben dadurch lassen sich auch unsere Emotionen verändern und zugunsten einer größeren Spannbreite erweitern, denn das *Gute* und *Richtige* liegt nun nicht mehr an einer einzigen möglichen Stelle, vielmehr kann es überall gefunden werden, wenn wir erkennen, dass scheinbare Kontraste eine unauflösliche Einheit bilden. So müssen wir vermeintlich negative Aspekte nicht rigoros aus unserem Leben verbannen, denn es gibt kein einfaches Schwarz-Weiß, kein simples Gut-Schlecht oder Richtig-Falsch. Vielmehr ist das eine immer auch zugleich das andere, denn beides ist Teil desselben Ganzen. Gegensätze gehören unauflöslich zusammen. Gutes erfahren wir nur, wenn wir auch das Schlechte kennen. Schönes erkennen wir nur dann, wenn es auch das Hässliche gibt. Vom Weiblichen zu sprechen, macht nur Sinn in Verbindung zum Männlichen. Der Tag ist nur Tag, wenn er von der Nacht abgelöst wird – und umgekehrt. Und auch unser *materielles* Leben erhält seine Bedeutung unter anderem angesichts des unausweichlichen Todes. Mit anderen Worten, es gibt kein Negativ ohne Positiv und umgekehrt.

Weil die Gegensätze einander bedingen, kann es auch nicht darum gehen, durch den Triumph der einen Seite über die andere die Spannung zwischen ihnen gänzlich aufzulösen. Denn damit wären unvermeidlich beide Seiten ausgelöscht. Die Aufhebung der Gegensätze und ihrer Antithesen kann nur in einem dynamischen Mit- und Nebeneinander entstehen. Wir kennen diese Idee vom Wechselspiel der beiden Seiten unserer Realitäten aus der östlichen Philosophie und Mystik. In der östlichen Denkweise ist die Vorstellung von dieser Einheit hinter den Dingen viel etablierter als beispielsweise im westlichen Denken. Hier wird stattdessen häufig eine Seite besonders betont, z. B. das Rationale, das Männliche, das Richtige etc. Jedoch hat nun gerade die (westliche) Wissenschaft – speziell die moderne Physik – erstaunlicherweise solche Ergebnisse hervorgebracht, in der die Einheit der Gegensätze eine zentrale Rolle spielt:

> Beispiele […] können in der modernen Physik […] gefunden werden, wo Teilchen sowohl zerstörbar als auch unzerstörbar sind; wo Materie sowohl kontinuierlich als auch diskontinuierlich ist und wo Energie und Materie lediglich verschiedene Aspekte desselben Phänomens sind. […] Raum und Zeit selbst sind zwei anscheinend völlig unterschiedliche Begriffe, aber in der Relativitätsphysik wurden sie vereint. […] Der vielleicht berühmteste Fall einer solchen Vereinigung widersprüchlicher Begriffe ist derjenige der Begriffe »Teilchen« und »Welle« in der Atomphysik. Auf der atomaren Ebene hat die Materie einen zweifachen Aspekt: Sie erscheint als Teilchen und als Welle.[4]

Scheint auf den ersten Blick kaum etwas gegensätzlicher als die moderne Wissenschaft der westlichen Welt und die mehrere Jahrtausende alte östliche Philosophie, stellt sich bei genauerem Hin-

---

[4] Capra, Fritjof: Das Tao der Physik. Die Konvergenz von westlicher Wissenschaft und östlicher Philosophie. S. 148 ff.

sehen heraus, dass eine frappierende Ähnlichkeit zwischen der modernen Physik und der östlichen Mystik besteht. Beispielsweise bedeutet der aus dem Altindischen (Sanskrit) stammende Begriff für Meditation »Samadhi« so viel wie »fest zusammengefügt sein« – und der in einer tiefen Konzentration Meditierende kann die grundsätzliche Einheit des Universums erfahren und dabei die jeweiligen Manifestationen der unterschiedlichen Realitäten erleben. Die Lehren der modernen Physik zeigen, wie wir gesehen haben, letztendlich dasselbe:

Kein Phänomen kann für sich allein und separat betrachtet werden, vielmehr hängt alles mit allem zusammen. Ein Blick auf nur einen einzigen Aspekt verzerrt das Gesamtbild. Sämtliche Bestandteile der Materie stehen miteinander in Beziehung und sind voneinander abhängig. Das eine bedarf des anderen. Hierfür hat die Physik den Begriff der Komplementarität gefunden: Die Realität kann, wenn überhaupt, auf komplementäre Weise – also mithilfe sich gegenseitig ergänzender Bilder – beschrieben werden. Jede Einseitigkeit führt zur Verzerrung. Ganz ähnlich spricht die alte chinesische Philosophie des Taoismus, der das Gleichgewicht der Beziehungen mit Yin und Yang beschreibt. Balance lässt sich auch hier nur unter Berücksichtigung beider Aspekte und der dazwischen liegenden Facetten finden.

Auch die griechische Philosophie der Antike suchte nach einem Ausgleich zwischen den Gegensätzen. Sie sah diesen in der Mitte als das Maß zwischen den Extremen. Bekannt sind diese Überlegungen vor allen Dingen als die Mesotes-Lehre[5] von Aristoteles. Der Gedanke vom Mittleren geht hervor aus der älteren griechischen Lehre vom Maß.

---
[5] Mesotes: griech. die Mitte, das Mittlere

Bei Demokrit wurde das Mittlere als die Mitte zwischen Überfluss und Mangel betrachtet, und auch bei Platon war das Prinzip der Mitte ein Grundgedanke der Ethik, Politik, Ontologie und Kosmologie. Aristoteles nun verbindet die Idee von der Mitte mit einem teleologischen[6] Ansatz und formt daraus zentrale Punkte seiner Ethik. Die Mitte ist dabei das Bestmögliche und deshalb das Angestrebte oder der anzustrebende Ort. So ist die Tugend bei Aristoteles die Mitte zwischen zwei Extremen (Übermaß und Mangel), die die entsprechenden Untugenden darstellen. Die Tapferkeit als eine Tugend steht beispielsweise zwischen Übermut (zuviel) und Feigheit (zuwenig). Die Mitte ist dabei keine mathematisch berechenbare Stelle und auch nicht als ewige Konstante festgelegt. Sie ist das Mittlere in Bezug auf uns und in Beziehung zu setzen zu den jeweiligen Umständen der konkreten Situation und den Bedingungen der handelnden Person.[7] – Auch hier wird also nicht eines der Extreme dem anderen vorgezogen, sondern die Bestimmung der Tugend erfolgt in Form einer Triade (der imaginären Verbindung aus Mangel, Übermaß und Mitte), die das universale Ganze darstellt.

Ein anderes Beispiel für den Umgang mit Polaritäten und Gegensätzen findet sich in der Vorstellung von der Zeit in der indischen Philosophie. Zeit wird hier verstanden als zyklisch-kreisende Zeit, womit Polaritäten wie Anfang und Ende oder Werden und Vergehen praktisch aufgehoben werden. Zeit ist in der Vorstellung der indischen Philosophie eine sich immer wiederholende Abfolge der vier Weltalter (der vier Yugas). Diese Zyklen sind so unvorstellbar lang, dass sie für den menschlichen Geist

---

[6] Telos: griech. das Ziel, der Zweck; teleologisch = zweck-, zielgerichtet
[7] Vgl. Prechtl, Peter ; Burkard, Franz-Peter [Hg.]: Metzlers Philosophie-Lexikon. S. 321

kaum fassbar sind. Übergeordnet ist diesen Zyklen wiederum der Zyklus der Schöpfung und Zerstörung des gesamten Universums. Nichts hat letztlich Bestand, denn irgendwann wird alles wieder zerfallen. Zeit ist eine Seinsmacht – die Schöpferin von allem und die Zerstörerin von allem. Zeit ist immerwährendes Werden und Vergehen. Ein Entkommen aus diesem Kreislauf der Wiedergeburten gibt es nur durch Erlösung (Moksha), durch das Überschreiten der Zeit, das ist die Erleuchtung. Die Zeit selbst hat jedoch keinen Anfang und kein Ende. Man fragt sich nur: Was ist Da-Zwischen? Ein Nichts? Ist Zeit ein Nichts?

Wir fühlen, denken und leben in Kategorien wie *gut* und *böse*, *richtig* und *falsch*, *schön* und *hässlich* etc. und meinen, das eine hätte mit dem anderen nichts zu tun. Doch handelt es sich vielmehr um unterschiedliche Seiten und extreme Ausprägungen ein und derselben Realität. Sowohl das alte Wissen als auch die moderne Wissenschaft zeigen uns, dass es völlig zwecklos, sogar unsinnig ist, zur einen Seite zu streben und zugleich die andere eliminieren zu wollen.

Wer sich innerhalb solcher Begrenzungen und eingleisiger Bahnen bewegt, verfängt sich selbst in einer Realität, die den größten Anteil weiterer Möglichkeiten ausklammert. Wir wissen, dass dieses Universum angefüllt ist mit Energie, dass alles voneinander abhängig und miteinander verbunden ist. Alles und jedes ist zugleich auch alles andere, und alles und jedes kann nur bestehen, weil auch das Ganze ist. Statt nun das von uns selbst geschaffene Chaos verzweifelt ordnen und in vorkonfektionierte Kategorien pressen zu wollen, können wir auch diese höhere

Ordnung mitsamt allen unbegreiflichen Phänomenen als vollkommenes Energiebewusstsein annehmen und in uns selbst weiterentwickeln. Wenn wir hierzu bereit sind und wenn es uns gelingt, unsere herkömmlichen Denkmuster zu durchbrechen, werden sich die Pforten hin zu einer neuen und wunderschönen Dimension für uns öffnen.

5
Beautiful Energies

Immer wieder, zu allen Zeiten und in allen Kulturen, hat es Menschen gegeben, denen es gelungen ist, sich außerhalb der festgefügten Bahnen zu bewegen. Viele dieser Menschen konnten sich durch ihre Taten oder Werke ein bleibendes Dasein im kollektiven Bewusstsein der Welt schaffen. Wir kennen ihre Namen noch heute beispielsweise als Schöpfer einzigartiger Kunstwerke, als große Wissenschaftler oder auch als Begründer neuer Philosophien und Religionen. In einigen Fällen sind die Auswirkungen ihres Daseins noch nach Jahrhunderten oder sogar nach Jahrtausenden präsent. Viele Dinge, Werke und Ideen scheinen uns hinsichtlich ihrer erstaunlichen Vollkommenheit kaum mehr fassbar. Sie versetzen uns in Erstaunen und verursachen Bewunderung. Und je tiefer selbst ein Spezialist in die jeweilige Materie, oder sagen wir Energie, hinabtaucht, umso mehr steigert sich zuweilen das Erstaunen. Wir stehen vor immer neuen Rätseln und fragen uns, woher bestimmte Menschen ihre enorme Schöpfungskraft überhaupt haben empfangen können, brachten sie zum Teil doch wahrhaft Einzigartiges hervor.

Reines Talent und eine besondere Begabung reichen als Erklärungsmodelle oft nicht aus. Gerade wenn etwas einzigartig Neues, etwas bisher noch nie Dagewesenes von größter Schönheit und Vollkommenheit geschaffen wurde, wird offensichtlich, dass neben bestimmten Fähigkeiten auch eine einzigartige Energie im Spiel gewesen sein muss. Und natürlich wird diese geistige

Energie nicht nur für einige wenige aufblitzen – vielmehr zeigt uns selbst die Wissenschaft (wenn auch vielleicht in abstrakter Form), dass Energie immer und überall im Universum unerschöpflich vorhanden ist.

Gerade der Bereich der Kunst und aller kulturellen Schöpfungen demonstriert besonders anschaulich, zu welchen großartigen Kreationen der Mensch in der Lage sein kann, wenn es ihm gelingt, die in ihm liegenden geistigen Energien zu entfesseln. Zugleich zeigt sich hier, dass dem Menschen ein unbändiger Drang innewohnt, die gegebenen Möglichkeiten auszuschöpfen. Und wer einmal mit seinen inneren Kräften in Verbindung getreten ist, wird als Folge nur noch immer stärker davon schöpfen wollen. Damit erklärt sich, warum sich insbesondere der kreative Mensch niemals mit dem einmal Erreichten begnügen kann. Die gesamte Geistesgeschichte zeigt: Kein Künstler – niemand, der schöpferisch tätig ist – hat sich jemals mit dem Erreichten zufrieden gegeben. Was gut war, sollte besser, sollte zur Vollkommenheit werden, soll fließen! Der Antrieb zu dieser Gleichung scheint dabei von einer Energie zu kommen, die nach Entfaltung drängt. Ist diese Kraft einmal freigesetzt, scheint sie in alle Richtungen zu strömen. Doch der Mensch kann nur durch die Entdeckung und bewusste Erfahrung der ihm innewohnenden Energie zu neuen Fähigkeiten finden. Das Verlangen nach dem Größeren, dem Höheren, nach Vollkommenheit ist im Da- und Hiersein des Menschen angelegt, kann jedoch nur zur Entfaltung gelangen, wenn ein Zugang zu der Energie gefunden wurde, die unser Leben mit Schönheit füllt.

Vom Suchen und Finden der Schönheit

Die in jedem von uns angesiedelte Schöpfungskraft offenbart sich in der Kunst, der Wissenschaft und ganz allgemein in der Kultur. Was hier geschaffen wurde, entzieht sich häufig der allgemeinen Vorstellungskraft. Es scheint ganz so, als hätten ihre Schöpfer – ob sie nun Leonardo da Vinci, Michelangelo, Goethe, Beethoven oder Einstein heißen – etwas in ihrem Inneren, das sie mit unbändiger Kraft antreibt und ihnen sagt, dass immer noch weiterführende Energie in ihnen steckt. Und je mehr sie entfaltet wird, umso stärker drängt sie zu immer weiterer Entfaltung. Damit werden die Grenzen, die sich die meisten Menschen selbst setzen, von einigen wenigen durchbrochen.

Wer beispielsweise Michelangelos Fresken der Sixtinischen Kapelle betrachtet, dem bietet sich ein Bild transzendenter Schönheit. Michelangelos Darstellung der gigantischen Formen und den ihnen innewohnenden Informationen wirkt überdimensional und ähnelt einem kosmischen Stargate zum Universum. Es ist eine Vollkommenheit, die wir – wenn wir sie denn nicht mit eigenen Augen sehen würden – uns kaum vorstellen könnten. Ein solches Werk zu schaffen, wäre für jeden von uns zunächst völlig unmöglich. Dass es unmöglich sei, entsprach auch der damaligen Vorstellung. Das fertige Werk hatte schon damals alle durchaus großen Erwartungen, selbst die des Meisters Leonardo, weit übertroffen. Dies ist nur eines der Beispiele dafür, wo Unmögliches und Unvorstellbares möglich und zur Realität wurde.

Das Beispiel verdeutlicht, dass auch dieser große Künstler niemals zu solch einer Vollendung gekommen wäre, hätte er sich von den Grenzen der allgemeinen Konventionen, Normen und einem vorgegebenen Kanon beeindrucken lassen. Michelangelo verfügte – wie viele einzigartige Künstler – über ein Bewusstsein voller wunderschöner Energie. Der Künstler hat sich seine eigene Realität jenseits der begrenzten Vorstellungen von Realitäten seiner Umwelt geschaffen und dabei keine Möglichkeiten von vornherein ausgeschlossen. An eben dieser Stelle weisen alle Menschen, die wir für ihre Schöpfungskraft – ganz gleich auf welchem Gebiete – bewundern, eine ganz spezielle Gemeinsamkeit auf: Sie alle haben sich auch weit außerhalb des von außen abgesteckten Feldes der begrenzten Möglichkeiten bewegt. Sie alle haben auch Alternativen des Denkens und gänzlich unorthodoxe, von den gängigen Vorstellungen abweichende Variationen in Betracht gezogen. Sie waren überaus konsequent und mit der Bereitschaft ausgestattet, alles, was bisher für möglich und im Bereich des Realen liegend galt, notfalls zu ignorieren und infrage zu stellen.

Kreative Geister haben sich schon immer in Gefilde vorgewagt, die gemeinhin als utopisch galten. Die Utopie gilt für uns als fantastisch, als ein unerreichbares Ideal – die Utopie ist immer gekennzeichnet durch die allgemeine Auffassung, dass sie als undurchführbar, als nicht realisierbar gilt. »Utopia«[1] war ursprünglich ein »erdachtes Land, ein Traumland«, das nur in der Vorstellung existierte. Doch der Künstler zeigt, dass wir Utopien brauchen, um das Erträumte Realität werden zu lassen. Und dies ist gerade in den Bereichen der Kunst mehr als einmal geschehen.

Sämtliche Werke von größter Schönheit und Vollkommenheit sowie unzählige wissenschaftliche Erkenntnisse konnten allein

---

[1] Das Wort »Utopia« entstammt dem Titel eines 1516 erschienenen Werkes des englischen Humanisten Thomas Morus, in dem ein der Wirklichkeit widersprechendes Bild eines Idealstaates entworfen wird.

deswegen zustande kommen, weil sich einige Menschen außerhalb der gängigen Normen bewegt haben. Statt sich von Konventionen einengen zu lassen, waren und sind einige Individuen ganz offensichtlich dazu fähig, durch eine von der Außenwelt unbehinderte Konzentration auf ihre Ideen, Träume und Utopien zu neuen Erkenntnissen zu gelangen. Dennoch scheint der Weg zu unserem mit Energie geladenen Inneren für die meisten von uns blockiert. Nur scheint dies eben längst nicht auf alle Menschen zuzutreffen. Die im kulturellen Gedächtnis und der gesellschaftlichen Erinnerung bekannten großen Künstler brachten und bringen Unfassbares hervor. Der eingeschlagene Weg führte dabei über die Schönheit in Richtung Vollkommenheit.

Beautiful Energies – schöne, wunderschöne Energie, die Energie der Schönheit. Definitionen, was Schönheit nun überhaupt konkret ist, gibt es unzählige. Doch hierbei stoßen alle wissenschaftlich exakten Definitionsversuche zugleich auch an ihre Grenzen. Dies liegt schon allein darin begründet, dass man sich auf eine alleinige *Wahrheit* einigen müsste, was denn nun Schönheit sei. Jedoch ist niemand in der Lage, eine allgemein gültige Sicht zu formulieren, denn es gibt keine Anschauung, die nicht durch eine Perspektive verfälscht wird. Hier sind es religiöse, geschichtliche, gesellschaftliche und kulturelle Einflüsse, die das Erkennen und Beschreiben perspektivisch verzerren.

Bereits seit den Anfängen der Philosophie in der griechischen Antike zählt die Schönheit zu den wesentlichen Elementen der obersten Werte. Das Schöne realisiert sich dabei einerseits in der Natur, wo sie in vielfältigster Weise gegeben ist, und andererseits in der Kultur der Menschheit. Auch wenn der Mensch kaum wusste, was genau Schönheit ist und was sie ausmacht, ist sie doch Ursprung und Antrieb aller künstlerischen Schöpfungen.

Worin Menschen Schönheit finden, lässt sich nicht objektiv bestimmen. Was für den einen von strahlender Schönheit ist, bedeutet einem anderen einfach nichts. Wir sehen in den Kunstwerken unsere eigene Realität, füllen sie mit unseren individuellen Vorstellungen. Stehen wir vor der ägyptischen Sphinx, ist es unsere Imaginationskraft, die das fehlende Gesicht der Sphinx vervollständigt. Dabei entscheidet unsere Vorstellung von der Welt, wie wir das Gesicht rekonstruieren und wie wir schließlich das Bild in seiner Gänze wahrnehmen. Daher ist die Sphinx für einige Menschen wunderschön und für andere bedeutungslos.

Über Jahrtausende sahen sich die Menschen als Teil eines göttlichen Ganzen. Über die Kunst wollten die Menschen mit diesem Göttlichen in Verbindung treten. Daher wurden zunächst einfache, dann immer vollkommenere Zeichnungen, Gemälde und Skulpturen (später auch Dichtungen, Kompositionen und Bauwerke) angefertigt. Im Laufe der Zeit entwickelte sich das immer höher spezialisierte Künstlertum. Eine erste Vervollkommnung der Künste zeigte sich für die westliche Welt in der Kultur der Griechen. In der griechischen Welt war es die Skulptur, in der sich das Göttliche in der Gestaltung durch Menschen und in der Gestalt von Menschen anschaulich darstellte.[2] Die Kunst war und ist oft nichts anderes als eine kontinuierliche Schönheitssuche mit dem Ziel der Vollkommenheit. Dabei war der Hintergrund der Kunst immer spiritueller Natur. (Selbst, wer hier einwenden mag, dass es – wie zum Beispiel in der modernen Kunst – auch hässliche Kunstwerke gibt, wird einräumen müssen, dass auch alles Hässliche nur im Zusammenhang mit Schönheit denkbar ist.)

---

[2] Vgl. Gadamer, Hans-Georg: Die Aktualität des Schönen. S. 7

»Was die Schönheit ist, das weiß ich nicht.«³ Dieser bekannte Ausspruch Albrecht Dürers demonstriert das Dilemma des Künstlers. Er ist einerseits ein Schöpfer von Schönheit, weiß sie andererseits jedoch nicht konkret zu beschreiben. Schönheit und Kunst waren zu keiner Zeit auseinander zu dividieren. Das eine führt immer zum anderen. Die Schönheit wird für den Künstler aus dem Geist geboren und liefert den Drang zur stetigen Vervollkommnung. In der geistigen Versenkung, der Kontemplation von Schönheit, näherte sich der Mensch in seiner gesamten Kulturgeschichte dem Göttlichen. Mit dieser ästhetischen Erkenntnis, die mit der mythischen oder religiösen Erfahrung verwandt ist, konnte sich der Mensch auf dem Wege der Kunst über sich selbst erheben.

»Der Künstler ist der Schöpfer schöner Dinge.« Mit diesem Satz beginnt Oscar Wilde die Vorrede zu seinem Roman »Das Bildnis des Dorian Gray«.[4] Und natürlich ist jedes Werk eines beliebigen Künstlers immer ein Ergebnis des Geistes, das eine Reflexion der jeweiligen Realität bedingt. So scheint die Schönheit in unserem Geist verankert, und für den Künstler wird beim Versuch, dieser inneren Schönheit einen Ausdruck zu verleihen, ungeahnte Energie frei, die ihm sein Werk erst ermöglicht.

Schönheit kann dabei weniger gut beschrieben, dafür umso besser empfunden werden. Die Betrachter oder Rezipienten von Kunstwerken sind beeindruckt und finden sich tief bewegt angesichts der Werke – ganz gleich, aus welcher Epoche oder Kultur sie stammen. Der Aura, die vielen großen Werken zu eigen ist

---

[3] Albrecht Dürer: Von der Malerei und von der Schönheit. Vom Wesen der Schönheit und Beschreibung des Teiles. In: Albrecht Dürer: Schriften und Briefe. S. 155
[4] Wilde, Oscar: Das Bildnis des Dorian Gray. S. 5

und die tatsächlich auf den Rezipienten abstrahlt, kann sich kaum jemand völlig entziehen. So kommt es, dass wir eine Schönheit empfinden, die wir in ihrer Ursache schwerlich bestimmen können. Wir werden zu einem Teil von ihr.

Der weiter oben bereits erwähnte italienische Bildhauer, Maler, Baumeister und Dichter Michelangelo gilt als einer der kreativsten Geister der Renaissance. Es war Michelangelo, der gesagt hat, nicht er schaffe die Skulpturen, sondern er hole sie nur aus dem Stein heraus, in dem sie schon vorher angelegt sind. Die Schönheit als Energie und das Werk sind also bereits vorhanden, es braucht nur einen von Konventionen befreiten Geist, der dies zu erkennen vermag. Die meisten von uns sehen weder das mögliche Werk noch die darin verborgene Schönheit. Und es gibt tausend Dinge, die unser äußeres Auge nicht zu sehen vermag und die auch unsere anderen Sinne nicht wahrnehmen können. Es gibt eine Schönheit, die wir nur selten erblicken können. Weder Leonardo noch Michelangelo sagen uns wirklich, was Schönheit ist, und dennoch lässt sie sich von Menschen gestalten und zum Ausdruck bringen, und unser Schönheitsempfinden nimmt sie wahr und auf.

Das Geheimnis der Stradivari

Streift man auf der Suche nach treffenden Definitionen von Schönheit durch die ästhetischen Schriften und durch kunstwissenschaftliche Texte, finden sich zahlreiche Beschreibungsversuche, die sich dann meist doch wieder als unzureichend herausstellen. Eine der wenigen Ausnahmen bildet der deutsche Philosoph Friedrich Wilhelm Joseph von Schelling. Er allerdings beschreibt weniger, was nun Schönheit ist, sondern vielmehr, woher sie kommt. Seiner Auffassung nach ist die Schönheit schlichtweg in allem. Schelling versteht das gesamte Universum als »absolutes Kunstwerk, das in Gott in ewiger Schönheit gebildet ist; hier durchdringen sich unendliche Notwendigkeit und unendliche Freiheit. Reales und Ideales sind absolut identisch. [...] Die jeweils besonders schönen Dinge sind, da das Absolute schlechthin nicht teilbar ist, Formen des Urschönen.«[5]

Die Schönheit als Energieform ist also in und um uns, unsere Bestimmung ist es, sie zu erkennen und im Bewusstsein dieser Schönheit zu leben. Dann werden wir, ähnlich wie der Künstler als Schöpfer seiner Werke, auch einen Zugang zu einer bislang ungekannten Energie erhalten. Und natürlich können wir nur das erschaffen, was wir selber sehen und was in uns als Empfindung vorhanden ist. Solange wir die Schönheit nicht erspüren, wird sie uns daher fremd und unzugänglich bleiben. Wer sie jedoch als Realität annimmt, wird selbst zum Schöpfer schöner Dinge.

Das Wort Transzendenz[6] beschreibt das Überschreiten der Grenze zwischen zwei Bereichen. Die Schönheit ist eine schöpferische Transzendenz und führt zu einer Überschreitung oft unüberwindbarer Grenzen. Durch sie, die Schönheit, werden Überschreitungen der Grenzen der Erfahrungen und des Bewusstseins erst möglich. Die diesseitige Realität wird zugunsten einer neuen Realität überschritten, die dann für die meisten in Sphären jenseits der konventionellen Vorstellungen liegen.

---

[5] Schelling, F.W.J.: Über das Verhältnis der bildenden Künste zu der Natur. S. 168
[6] Transzendenz: vom lateinischen »transcendere« = »hinübersteigen«

Was so »transzendent« klingt, ist dabei durchaus praktisch zu erreichen. Die Schönheit ist vorhanden, sie ist Wegweiser über die Grenzen hinaus und eine kräftige Energie, um diese Grenzen auch tatsächlich zu überschreiten. Eingangs war die Rede von den Geigen des Meisters Antonio Stradivari, der 1644 in Cremona geboren wurde und dessen Instrumente zum Inbegriff des vollkommenen Klangs wurden. Eine Stradivari ist seither nicht nur eine Geige wie alle anderen, sondern schon als Name das magische Zeichen für Schönheit. Wie kam es dazu? Und wie werden Sie selbst zur »Stradivari«?

Der kunsthandwerklich höchst komplexe Prozess des Geigenbaus erfordert sehr viel Erfahrung, Liebe, Präzision und vor allem Geduld: Der Bau einer guten Geige kann bis zu 200 Stunden dauern. Zum Teil werden dazu außerdem Werkzeuge benötigt, die sich jeder Geigenbauer vorher selbst anfertigt (z.B. die Zargenform). Gleich zu Beginn steht die entscheidende Frage nach dem Holz. Jedes Teil der Geige erfordert ihr spezielles Holz; bereits beim Fällen der Bäume wird auf die Klangtauglichkeit für Saiteninstrumente geachtet und je nach Aufgabe des jeweiligen Teils der Geige hartes oder weiches Holz verwendet. Aber noch nicht genug damit: Die weichen Hölzer sollten nach dem Schlagen mindestens fünf Jahre lagern, die harten mindestens zehn. Dass die Art der Lagerung ebenfalls entscheidend ist, dürfte klar sein; unkontrollierte Rissbildung oder Schimmelbefall muss verhindert werden. Dann beginnt der Prozess des eigentlichen Geigenbaus mit zahlreichen Hürden, die höchste Anforderungen an die Geschicklichkeit des Meisters stellen, erst endend nach dem Lackieren mit dem möglicherweise mit viel Aufwand selbst hergestellten Lack und der langwierigen Phase des Justierens, wobei unter anderem der Stimmstock Millimeter für Millimeter verschoben und so der Klang geprüft wird. Nach der Fertigstellung haben der Meister – der nicht nur Handwerker, sondern immer auch Musiker, also Künstler ist – und seine Geige eine lange gemeinsame Zeit intensiver Beschäftigung hinter sich, die, wenn sie nicht nur mit handwerklichem Können, sondern vor allem auch mit großer Hingabe verbunden ist, zu einem Ergebnis führt, das das Potenzial hat, auf den Bühnen der Welt zu verzaubern. Bisher unübertroffen in dieser Hinsicht sind wie gesagt die Geigen Antonio Stradivaris.

Wenn man zurückkehrt zu dem Vergleich Mensch/Geige, muss man leider feststellen, dass die meisten Menschen nicht von einem Meister »hergestellt« werden. Viele sind schon vom unpassenden Baum, wurden lange falsch gelagert oder, wenn sie aus bestem Holz sind, ungut bearbeitet. Am Ende lackieren sich viele ihre Persönlichkeit mit Lack aus dem Supermarkt; und dass es die Möglichkeit gibt, seinen Klang zu justieren, ja dass sie überhaupt Klang erzeugen, haben die wenigsten jemals gehört. So ist unsere Welt voller Geigen, die sehr, sehr weit davon entfernt sind, Stradivaris zu sein – und nicht immer ist es den Menschen vorzuwerfen, wenn Erziehung und Erfahrungen, wenn gesellschaftliche oder persönliche Umstände verhindert haben, dass sie zur »Stradivari« werden können. Aber, und das ist kein billiger Trost, sondern die schönste Möglichkeit in unserem Leben: Es gibt noch immer einen Weg dorthin!

Dem Klang der Stradivari wurde schon immer nachgeforscht. Wenn es einmal gelungen ist, die vollkommene Schönheit zu erschaffen, sollte es doch wieder möglich sein! Und tatsächlich ist es heute schon mehreren Geigenbauern mit unterschiedlichen Methoden gelungen, mit ihren Instrumenten den Klang einer echten Stradivari zu erreichen. Der Chemiker Joseph Nagyvary von der A&M University in Texas fand das Geheimnis der Stradivari allein in der Behandlung des Holzes, das im Falle Stradivaris nach dem Flößen zunächst eine Weile im Brackwasser der Lagune von Venedig dümpelte und Mineralien und Salze aufnahm, um dann mit den vom örtlichen Apotheker in Cremona hergestellten Porenfüllern und Lacken bearbeitet zu werden. Mit diesen Kenntnissen gelang es Nagyvary tatsächlich, Geigen zu bauen, die immerhin von Musikergrößen wie Yehudi Menuhin Anerkennung erfuhren. Ähnlich erfolgreich ist auch die Bonner Manufaktur des Geigenbauers Peter Greiner und des Physikers Heinrich Dünnwald, in der Kunst-Handwerk und Wissenschaft eine Symbiose eingingen, um die Schönheit des Stradivari-Klangs erneut zu erschaffen. Mit dem Computertomographen wurden die Wandstärken, Wölbungen und die Dichteverteilung im Holz alter Geigen durch den Physiker erforscht und mit Präzision und Hingabe durch den Kunst-Handwerker nachgebaut. Die Ergebnisse sind sensationell und faszinieren inzwischen auf den größten Bühnen der Welt.

Wie mit dem Geheimnis des Stradivari-Klanges ist es auch mit dem Geheimnis der Schönheit, die Sie in Ihr Leben holen können. Die Schönheit ist kein Geheimnis! Sie ist erforschbar, erfühlbar und: erreichbar! Dabei spielt es keine Rolle, ob das Holz »richtig behandelt« oder »richtig verarbeitet« wird; »richtig« ist, was zu Ihrer individuellen Schönheit führt, die ein Teil der Schönheit des Universums ist und sowohl in Ihnen steckt als auch außerhalb von Ihnen zu entdecken ist, wenn Sie lernen, die Augen für das Schöne um Sie herum und vor allem in Ihrem Selbst zu öffnen. Das Geheimnis der Schönheit liegt nämlich in dem Blick, den Sie auf sie werfen.

6
Die entlegenen Winkel Ihrer Realität

Der Mensch ist einerseits mit überaus subtilen Sinnen ausgestattet; andererseits sind wir unserer Realität in einer Weise verhaftet, die es uns nur selten erlaubt, dieselben Sinne in ihren ganzen Ausprägungen zu erfahren. Oft erreichen wir die Empfindungen im subtilen Bereich allein deshalb nicht, weil eben dieser von den gröberen Dingen überschattet und mitunter völlig verdeckt wird. Bestimmte Empfindungen sind demnach zwar durchaus gegenwärtig, nur können wir sie meist einfach nicht spüren und wahrnehmen, weil sie von stärkeren Eindrücken überlagert werden. Dieses Phänomen zeigt sich in vielen Bereichen des täglichen Lebens: Wer sich beispielsweise gerade große Sorgen über das eine macht, ist kaum mehr in der Lage, sich gleichzeitig über etwas anderes zu freuen; wer sich in großer Aufregung befindet, wird den Blick für die feineren Dinge verlieren, und wer großem Lärm ausgesetzt ist, wird wohl kaum die leiseren Geräusche hören. Solche Beispiele ließen sich endlos fortsetzen – sie alle zeigen, dass uns durch die alltäglichen Turbulenzen der Weg zu den subtilen Dingen verstellt ist.

Schon der übliche, vor allem aber der über das Gewohnte hinausgehende Gebrauch unserer Sinne zeigt einerseits, wie sehr wir unsere Fähigkeiten einschränken und andererseits, zu welchen außerordentlichen Wahrnehmungen wir im Grunde fähig sind. Gemeinhin benötigen wir es in unserer industrialisierten Welt gar nicht, auf alle in uns liegenden Fähigkeiten zurückzugreifen. Daher sind unsere Sinne oft verkümmert, und wir erfahren nur noch einen Hauch von unserem ursprünglichen Wahrnehmungsvermögen.

Tatsächlich kommen wir oft gar nicht auf die Idee, die Möglichkeiten unserer Wahrnehmungsfähigkeit auszuloten. Wir vergessen unsere wahren Fähigkeiten, was das Verkümmern unserer Sinne und unserer Wahrnehmungsfähigkeit nur noch weiter vorantreibt. Genau betrachtet, ist unsere Wahrnehmung ja zugleich ein psychologischer als auch ein physiologischer Prozess, in dessen Verlauf der Organismus aufgrund von äußeren und inneren Reizen eine anschauliche Repräsentation der Umwelt und des eigenen Körpers erarbeitet. Erst unsere Sinne ermöglichen die Wahrnehmung sowohl der äußerlichen Eindrücke als auch der inneren Vorgänge. Unsere Sinne liefern das »Bild«, das wir in unserem Bewusstsein zusammensetzen und das so zu unserer Wahrnehmung wird. Wer es versteht, seine Sinne auch im subtilsten Bereich zu gebrauchen, seine Sinne auch für das Ungewohnte zu öffnen, erhält eine umfassende Wahrnehmung, die sich oftmals von der zuvor reduzierten Wahrnehmung unterscheiden wird.

Das Wort Sinn wird immer auf unseren Verstand und unsere Wahrnehmungsfähigkeit bezogen. Wir nehmen etwas mit unseren Sinnen wahr, ordnen diese Wahrnehmung ein und verleihen ihr einen Sinn, was es uns wiederum ermöglicht, über eine Wahrnehmung zu sinnieren, also darüber nachzudenken. Unsere Wahrnehmung steht damit in einer direkten Verbindung zu unserem Denken. Dies zeigt schon die Herkunft des Wortes »Sinn« und die zahlreichen Ableitungen: Das indogermanische »sent« stand ursprünglich für »eine Richtung nehmen, eine Fährte suchen«. Parallel dazu stand das Wort »sinteti« für »denken«. Unser Denken wird immer von unseren Gefühlen und Wahrnehmungen bestimmt und kann niemals davon isoliert betrachtet werden. Ein Mensch, den wir für stumpfsinnig halten, ist schlichtweg dumm, ein Scharfsinniger dagegen intelligent. Und wer von Sinnen ist, wird auch als wahnsinnig bezeichnet. Der Umgang mit unseren Sinnen ist also elementar für unser gesamtes Dasein. Es mag sein, dass wir eine ganz andere Richtung nehmen und neuartige Fährten finden, wenn wir die verkümmerten Sinne neu aktivieren. Dies geht allein über den Weg der Konzentration. Was jenseits unserer Konzentrationspunkte liegt, nehmen wir in der Regel nicht wahr oder halten es für unmöglich.

———•·•———

Vieles, was in und um uns ist, nehmen wir zwar in uns auf, doch bleibt gerade das Subtile im Unbewussten hängen und dringt nicht bis ins Bewusstsein vor. Das im Unbewussten Vorhandene ist dabei meist überaus flüchtig und verliert sich wieder, ohne jemals an die Oberfläche zu gelangen. Was uns fehlt, ist ein Bewusstsein, das bis in das Subtile hineinreicht und sich nicht an den Barrieren des Vorgelagerten verfängt. Unser Blick ist also fast generell getrübt und reicht nur selten bis in den letzten Winkel der sich uns bietenden Möglichkeiten. Wir sind es gewohnt, längst nicht bis an die Grenzen der Möglichkeiten unserer Wahrnehmung zu gehen. Viele der Eindrücke und Empfindungen, mit denen wir konfrontiert werden, verfangen sich im Unbewussten, auf das wir nicht bewusst zugreifen können.

Hinzu kommt eine weitere Problematik: Aus dem Mangel hinsichtlich des individuellen Bewusstseins konstituieren wir unsere Persönlichkeit, die oft nicht mehr mit dem Individuum identisch ist. Unsere Persönlichkeit ist nach außen gerichtet und meint die Gesamtheit aller psychischen und physischen Züge. Wir selbst glauben mehr an unsere Persönlichkeit, während uns der Weg zu unserer Individualität versperrt bleibt. Die meisten Menschen achten also sehr genau darauf, wie sie nach außen hin wirken, fragen sich jedoch weniger, wie ihre innere Beschaffenheit konstituiert ist. Das Wort Persönlichkeit leitet sich vom Lateinischen »persona« ab, das wörtlich übersetzt »Maske« bedeutet. Vieles, was in uns ist, dringt nicht bis in unsere Persönlichkeit vor. Vielmehr umkleidet unsere Persönlichkeit das Individuum maskenartig. Sie ist eine der Außenwelt angebotene und für sie sichtbare Form der Individualität. Doch wird gerade die Persönlichkeit von der Gesellschaft hoch bewertet. Sie ist für den Lebenserfolg, ganz gleich, ob privater oder beruflicher Natur, von großer Bedeutung. Wir sind also bemüht, an unserer Persönlichkeit zu arbeiten und eine stärkere Persönlichkeit zu entwickeln, währenddessen wir unsere Individualität vernachlässigen oder vielmehr sogar hinter einer Erfolg versprechenden Maske zu verbergen versuchen. Damit werden wir zu unserem eigenen Schauspieler, der eine von außen vorgegebene Rolle verkörpert. Dies ist eine Art von Automatismus, der sich dem kontrollierten Bewusstsein entzieht. Wenn wir nun aber nur unsere Persönlichkeit sehen, das dahinter verborgene Individuum jedoch gar nicht erkennen können, wenn wir keine Sinne darauf ausgerichtet haben, bleibt auch die tiefer liegende Energie unentdeckt.

Wir sind also von uns selbst, von den Kernbereichen und von vielen wesentlichen Dingen unseres Lebens abgelenkt. Obwohl wir uns meist nicht völlig bewusst sind, dass uns etwas im Weg liegt, spüren wir zugleich dennoch, dass etwas unausgefüllt bleibt. Und dies äußert sich nicht selten in einer latenten Unzufriedenheit, die sich manchmal nicht einmal genauer spezifizieren lässt.

Was bleibt, ist ein Mangel an Entschlusskraft und Tatendrang; uns fehlt der Mut, die Dinge anzugehen, insbesondere dann, wenn es sich um ungewohnte Dimensionen oder um Vorhaben handelt, die eine Abkehr von konventionellen Denkweisen erfordern würden. Insgesamt tun wir uns schwer damit, neues und bislang unbekanntes Terrain zu erforschen, andere Richtungen einzuschlagen und verborgene Fährten zu suchen. Und doch steckt in jedem von uns eine Sehnsucht nach Glück, Schönheit und Vollkommenheit. Das Dilemma ist, all diese Dinge können durchaus vorhanden sein und in greifbare Nähe rücken, nur sehen und spüren wir sie meist nicht. Wir bringen in letzter Konsequenz nicht den Glauben auf, dass mehr möglich ist, als es die von uns selbst konstruierte Realität zuzulassen scheint.

Das aus dem Germanischen stammende Wort »glauben« gehört zur weitverzweigten Wortgruppe von »lieb«, es bedeutet ursprünglich so viel wie »gutheißen, für lieb heißen«. Und tatsächlich werden wir immer nur das glauben können, was unser Gefühl gutheißt und für richtig befindet. Sobald sich unser Gefühl sträubt, kommen Zweifel auf, die jeden Glauben erschüttern. Und unsere Realität konstituiert sich eben nicht aus unwiderlegbaren Tatsachen, sondern vielmehr aus dem Glauben an eine Wahrheit.

Jeder sachliche Mensch wird zunächst immer seinen Sinnesorganen vertrauen und beispielsweise seinen Augen mehr Glauben schenken als den unüberprüfbaren Aussagen einer fremden Person. Der Skeptiker sagt: »Ich glaube nur, was ich mit eigenen Augen gesehen habe.« Aber sind unsere Wahrnehmungen immer wahr? Gibt es nicht Täuschungen oder Illusionen? Ist alles tatsächlich so, wie Sie es sehen?

In Wahrheit verarbeitet unsere sinnliche Wahrnehmung immer nur eine von mehreren möglichen Realitäten. Denn unsere Wahrnehmung besteht nicht nur aus der rein visuellen Aufnahme durch unsere Augen. Vielmehr wird sie immer auch von eigenen Erfahrungen, kulturellen Einflüssen und dem sozialen Kontext eines Wahrnehmenden gebildet. Heute wissen wir, dass unser Gehirn weit über 50% der scheinbaren visuellen Wahrnehmungen beisteuert. Wir sehen also gar nicht das, was wirklich ist, sondern entwerfen selbst ein Bild, an das wir ohne jeden Zweifel glauben und das wir so für real erklären. Ständig vergleichen wir alles, was wir über unsere Sinnesorgane wahrnehmen, mit den uns bereits bekannten Phänomenen. Dabei kommt es unweigerlich immer auch zu Fehlinterpretationen, insbesondere dann, wenn sich uns eine ganz neue, bislang unbekannte Realität zeigt. Auf den Punkt gebracht bedeutet dies: Wir können nicht sehen, was wir nicht sehen wollen. Alles, was wir in und um uns herum erkennen, ist ein Teil von uns selbst.

Weil immer alles so war, wie es zu sein scheint, kommen viele von uns nicht auf die Idee, unsere Realität zu hinterfragen. Wir können und wollen uns manchmal auch keine andere als die bekannte Wahrheit vorstellen. Keiner fragt nach den Zusammenhängen der verschiedenen Ereignisse und warum sie ablaufen. Wir sehen eben oftmals nur das, was wir sehen wollen – sehen dürfen. Um dieser beschränkten Sichtweise zu entkommen, muss der Mensch seine Fesseln lösen. Seine Fesseln, das sind z. B. Vorurteile oder die Normen und Konventionen der Gesellschaft und der Erziehung, die uns die gewohnte Sicherheit geben.

Nur wer die vorgegebenen scheinbaren Realitäten nicht einfach annimmt, kann zu neuen Erkenntnissen gelangen. Doch natürlich lässt sich der Mensch vom äußeren Schein der Dinge oder

Personen oft täuschen. Oftmals wollen wir gar nicht bis in die entlegenen Winkel der Realität vordringen. Unsere sinnlichen Wahrnehmungen führen jedoch nicht automatisch zu einer unwiderlegbaren Realität.

Erfundene Wirklichkeiten und Bilderwelten

Heute hängt das, was wir als Realität annehmen, zu sehr großen Teilen von Bildern ab, die wir mit unseren Augen betrachten. Sehen wir ein Bild, gehen wir wie selbstverständlich davon aus, dass es objektiv und also wahr ist. Kein Bereich des gesellschaftlichen, politischen, religiösen oder privaten Lebens bleibt heute journalistisch undokumentiert. Der Journalismus definiert sich dabei selbst als Institution, die über die Realität wahrheitsgetreu berichtet. Selbst vor dem Hintergrund, dass mittlerweile jedes Bild bei jedem einzelnen Punkt des Entstehungsprozesses gleich zahlreiche Möglichkeiten der Manipulation bietet, stimmten bei einer Umfrage über zwei Drittel der befragten Journalisten der Aussage zu, »Realität genauso abzubilden, wie sie ist«.[1]

Der seriöse Journalismus hat sich selbst einer Objektivitätsnorm verschrieben. Wenn etwa ein Text über Fakten einer Gegebenheit berichten soll, hat das Bild die Funktion, zu belegen, dass dieses Ereignis auch tatsächlich stattgefunden hat. Die Objektivität der Berichterstattung und ihre Glaubwürdigkeit soll durch das authentische Foto nicht nur unterstützt, sondern geradezu

---
[1] Grittmann, Elke: Die Konstruktion von Authentizität. Was ist echt an Pressefotos? In: Knieper, Thomas ; Müller, Marion G. [Hrsg.]: Authentizität und Inszenierung von Bilderwelten. S. 127

bewiesen werden. Während einfache Tatsachenbehauptungen im Journalismus vielleicht noch angezweifelt werden, erscheint »das verbürgte, nachprüfbare, nicht durch nachträgliche Veränderung manipulierte Bild als die letzte Instanz, die garantiert, dass ein Ereignis auch tatsächlich stattgefunden hat«[2]. Doch natürlich wurde mit dem technischen Bild schon immer geschummelt, auch innerhalb der journalistischen oder dokumentarischen Fotografie: Ein berühmtes Beispiel für frühe Bildverfälschungen ist beispielsweise das schon legendäre Foto von Trotzki neben Lenin (aufgenommen im Mai 1920) – ein Retuscheur hat später die Figur Trotzkis schlichtweg vom Bild eliminiert. Das entstandene Bild wirkt überaus realitätsnah, dennoch ist es eine Lüge – für den arglosen Betrachter bleibt es jedoch die objektive Abbildung der Wahrheit.

Wir dürfen leider auch heute nicht davon ausgehen, dass die Bilder, die wir zu sehen bekommen, tatsächlich authentisch sind. Gerade die digitale Bildbearbeitung öffnet der Manipulation Tür und Tor. Und man ist natürlich schnell versucht, zumindest kleine Mängel zu beheben und Verbesserungen durchzuführen.

Die Mittel, die hier eingesetzt werden, sind hauptsächlich:
- das Löschen von Informationen
- das Einfügen von Informationen
- die Fotomontage
- die falsche Bildbeschreibung (der Kontext von Bild und Text steuert hier die visuelle Wahrnehmung und Einordnung des Bildes)
- die inszenierte Fotografie (das gesamte Bild ist inszeniert, also gestellt)

---

[2] ebd. S. 128

Wir werden also unaufhörlich mit Realitäten konfrontiert, die es so, wie wir sie sehen, womöglich niemals gegeben hat. Die journalistische Fotografie setzt in gewisser Weise ihre Daseinsberechtigung aufs Spiel, wenn sie die Fotografie als authentisches Dokument durch bestimmte Eingriffe diskreditiert. Aber auch ohne explizit zu fälschen, bietet jedes Bild einige dem Medium immanente Möglichkeiten, die Eindrücke des Beobachters zu steuern. Wie in jedem Anfängerhandbuch zur Fotografie oder über den Film beschrieben wird, hinterlassen unterschiedliche Brennweiten, Kontraste, Körnungen und Filmmaterialien ebenso wie die Wahl der Perspektive und des Bildausschnitts sehr unterschiedliche Eindrücke.

Nun hat die journalistische Fotografie, gerade in Zeiten digitaler Technik (die es sogar dem mit einigen Fertigkeiten ausgestatteten Amateur erlaubt, Fotografien mit entsprechender Software zu verfälschen), selbst das größte Interesse daran, nicht fortwährend angezweifelt zu werden. Aus diesem Grund verschreibt sich das Genre heute sogar verstärkt dem Anspruch einer authentischen und objektiven Bildberichterstattung. Doch können Bilder überhaupt objektiv sein?

Es gibt beispielsweise Bilder, deren Aussage für das Bild von unserer Welt prägend waren. Zum Ende des 19. Jahrhunderts wirkte dabei die Hoffnung, mit einem Foto den Fluss der Vorgänge festzuhalten und wahrheitsgemäß zu reproduzieren. Damit war – nach Meinung vieler Zeitgenossen – das Mittel gegeben, um Realität einzufangen. Die Fotografie galt lange Zeit als unbestechliches und objektives Verfahren. Aber:

> »... die angeblich unbestechliche Linse erlaubt alle möglichen Deformierungen der Wirklichkeit, weil der Inhalt eines Photos

jedes Mal von der Art und Weise abhängt, wie der Photograph die Geschehnisse aufgenommen hat und inwiefern er von den Forderungen seiner Auftraggeber abhängig ist.«[3]

Die Bedeutung der Fotografie besteht demnach nicht darin, eine Realität objektiv abzubilden, sie ist vielmehr »eines der wirksamsten Mittel zur Verformung unserer Vorstellungen und zur Beeinflussung unseres Verhaltens«[4]. Und doch sind unsere Wahrnehmungen der Umwelt und das Wissen, das wir von den Vorgängen auf der Welt haben, geprägt von entsprechenden Bildern, die wir zu sehen bekommen. Wir fragen uns selten: Wer hat diese Bilder gemacht? Was wurde weggelassen oder hinzugefügt? Und wer hat diese Bilder für uns ausgewählt?

Das Einzigartige an den fotografischen und filmischen Bildern ist die Illusion einer Realität, die sie dem Betrachter suggeriert. Selbst die präzisesten Malereien (die nach Fotos gearbeitet sind) rufen selten ein Gefühl von Realität hervor, ein Foto hingegen scheint sich wie automatisch für eine objektive Realität zu verbürgen. Die Fotografie (das Gesehene) entspricht am ehesten dem Gefühl eines (wenn auch naiven und imaginären) Realismus. Das Foto ist zwar als solches nicht realer als andere Informationsmittel, doch wird der Fotografie mehr geglaubt.

»Wir lesen sie nicht, sondern glauben ihr. Gegenüber dem Bild, das als Kunstgemachtes erkennbar ist, unterbreitet die Fotografie unserer Wahrnehmung ein verfängliches Angebot. Sehen gemalte naturalistische Bilder ihrem Vorbild im besten Falle täuschend ähnlich, widerspiegeln fotografische Abbilder die Natur

---
[3] Freund, Gisèle: Photografie und Gesellschaft. S. 6
[4] ebd.

ohne erkennbare handwerkliche Eingriffe und subjektive Deutung, dafür mit großer Detailschärfe.«[5]

Hervorgerufen durch das kurze Antippen des Auslösers lässt eine neutrale Verschlussmechanik ein Bild der Wirklichkeit in den neutralen Apparat ein, wo es auf neutrales lichtempfindliches Zelluloid gebannt wird. Aufgrund von optischen und fotochemischen Naturgesetzen erzeugt die fotografische Apparatur so ein perfektes Imitat der Wirklichkeit. Einzig die Reduktion auf die zwei Dimensionen des Fotopapiers mindert ihre illusionistische Wirkung. Trotzdem vertrauen wir darauf, dass zwischen Realität und Abbild eine enge Beziehung besteht. Fotografien vergegenwärtigen das Abgebildete unmittelbar und beweisen uns dessen Existenz. Sie setzen uns ins Bild darüber, was ohne unsere Zeugenschaft geschehen ist.[6]

Dem ist nicht zu widersprechen. Doch tatsächlich sind Bildaufnahmen stets einem Kontext entrissen und in einen neuen Kontext versetzt. Bereits seit Descartes steht die Objektivität des Sehens in Zweifel: »Ich sehe nur, was ich sehe«. Deshalb können verschiedene Sichtweisen ein und desselben Gegenstandes einander widersprechen. Doch das Bilderangebot, mit dem wir konfrontiert werden, besticht gleichwohl immer von neuem, weil es die vermeintliche Realität auf eine vermeintlich objektive Sichtweise einfriert. Für das Unbewusste der Betrachtenden sind Objektiv und Objektivität zusammengehörige Begriffe. Es ist, was wir sehen. Was wir nicht sehen, glauben wir nicht – das Nichtsichtbare ist immer weniger real als das Abgebildete.

---

[5] Mazenauer, Beat: Manipuliert, aber wahr. In: Die Weltwoche (11.2.99)
[6] Gleichwohl sind Fotografien aus gutem Grund als Beweismittel vor Gericht schon länger nicht mehr zugelassen.

Die Verfälschung mit Bildern ist nichts Neues. Gerade zu Propagandazwecken wurden seit Anbeginn der Fotografie Manipulationen vorgenommen. Heute dienen als Beispiel vor allem Bilder aus der Werbung. Hier wird mittlerweile von nahezu jedem Betrachter bereits davon ausgegangen, dass keine dieser Aufnahmen eine objektive Wahrheit darstellt. Wenn Sie beispielsweise auf ein Werbeplakat blicken, können Sie ziemlich sicher sein, dass Sie hier in Gesichter blicken, die es so nicht gibt. Es sind nachbearbeitete Kunstprodukte auf Basis eines Gesichtes, jedoch keine wirklichkeitsgetreuen Abbildungen.

Diffiziler ist aber der Bereich im alltäglichen Journalismus: Die Bilderwelten in den Medien sind größenteils inszenierte Welten; sie beanspruchen dennoch das Attribut der Objektivität. So fangen Politiker an, zu lächeln und sich gegenseitig die Hände zu schütteln, sobald eine Kamera auftaucht – hier inszeniert der Bildermachende quasi zwangsläufig. Allein weil er zur Stelle ist, wird ihm das gewünschte Bild bereitwillig konstruiert.

Trotz allem ist das Vertrauen in die Objektivität noch immer mehr oder weniger intakt. Dies mag auch daran liegen, dass wir intellektuell damit überfordert wären, bei jedem Bild, das wir zu sehen bekommen, uns erneut die Frage nach seiner tatsächlichen Objektivität zu stellen.

Doch selbst da, wo der ethische oder moralische Anspruch besteht, die Realität objektiv abzubilden, folgen die Aufnahmen vorder- oder hintergründigen Gesetzen der Inszenierung. Es kann immer nur eine Realität gezeigt werden, die ein anderer gesehen hat. Allen voran proklamieren Zeitungen (die als seriös gelten wollen) ihren Anspruch an die Objektivität der Bilder im redaktionellen Umfeld. Jedoch kann ein Bild in letzter Konsequenz nie wahr oder unwahr sein, es trifft die *Wirklichkeit* mehr oder weniger. Bilderwelten in den Medien sind zum großen Teil inszenierte Welten. Objektivität ist insofern unmöglich, weil sie eine Trennung des Beobachters vom Beobachteten voraussetzt. Was wir zu sehen bekommen, ist also niemals eine absolute Wahrheit, sondern immer eine subjektive Interpretation derselben.

Jede Realität ist stets eine subjektiv konstruierte. Immer wenn eine Information (z.B. ein Bild) ausgewählt wird, gibt es zugleich auch eine Information, die eben nicht ausgewählt wurde. Es entsteht eine selektive »Realität«. Was wir von der Gesellschaft und ihrer Welt wissen, wissen wir fast ausschließlich durch die Massenmedien. Gleichzeitig haben wir jedoch den Verdacht, dass dieses Wissen manipuliert wird.[7] Wenn wir diesen Verdacht haben, leben wir also mit dem Wissen um eine Inszenierung der Welt. Wir erhalten Realitäten eines Beobachters, den wir nicht bei seiner Beobachtung beobachten konnten. Dass die Welt mittels gedruckter Bilderwelten objektiv erfahrbar ist, bleibt eine Illusion. Die Welt mit all ihren Realitäten ist eben komplex und kann nicht auf einzelne Momentaufnahmen reduziert werden.

»Wenn das Wesen der Realität mit ihrer Erscheinung, mit dem, was von ihr äußerlich sichtbar ist, zusammenfiele, wozu bräuchte man dann noch philosophisches Denken? Wenn es so wäre, dann bräuchte man in der Tat nur einen Fotoapparat und würde alle zehn, fünf oder zwei Jahre die gesamte Welt durchfotografieren und hätte damit alle wissenschaftlichen Probleme auf den Gebieten der Natur und Gesellschaft erledigt.«[8]

---

[7] Vgl. Luhmann, Niklas: Die Realität der Massenmedien. S. 9
[8] Molderings, Herbert: Argumente für eine konstruierende Fotografie. In: Amelunxen, Hubertus von [Hrsg.]: Theorie der Fotografie. S. 108

Realität kann nicht abgebildet, sondern nur individuell abstrahiert und empfunden werden.

Wir leben in einer Bilderwelt. Und Bilder verfügen über die Eigenschaft, in uns Emotionen auszulösen und somit unsere Wahrnehmungen, also auch unser Denken und unsere Imagination zu beeinflussen. Wir glauben, was wir sehen. Doch können wir tatsächlich noch glauben, was wir sehen? Ein kritischer Geist wird sich auf Grundlage der betrachteten Bilder seine eigene Interpretation seiner spezifischen Realität selbst bilden. Das Bild, das wir zu sehen bekommen, bleibt dabei nur eine Möglichkeit unter vielen. Dennoch glauben wir meist weiterhin an die Dinge, die wir in Bildform angeboten bekommen. Und wieder ist unsere Realität zu großen Teilen nichts anderes als ein Konstrukt unseres Glaubens.

7
Die unendlichen Dimensionen des Glaubens

Die Religionen, Rituale, kurz – der Glaube ist so alt wie die Menschheit. Von jeher hat der Mensch glauben wollen; in ihm ist eine Sehnsucht nach dem Göttlichen verhaftet, die erkennbare Spuren in der gesamten Menschheitsgeschichte hinterlassen hat. Gerade die uns bekannten Religionen haben sich dabei gegenseitig befruchtet, weshalb Parallelen im Glauben auch nicht dem Zufall zugeschrieben werden können. Zu jeder Zeit hat der Mensch versucht, seiner menschlichen Isolation zu entkommen, indem er sich in einer von einem Gott oder von mehreren Göttern erschaffenen und regierten Welt als Teil eben dieses Göttlichen verstanden hat.

Der Glaube hat den Menschen Kraft gegeben, auch den widrigen Momenten des Daseins zu trotzen. Die Religion führte zu Glaubensgemeinschaften, die den Menschen eine doppelte Stärke verliehen: die Kraft der Gemeinschaft plus die Kraft des Glaubens an eine höhere Macht, die diese Gemeinschaft gutheißt. Dass der Glaube – für den Einzelnen und das Kollektiv – ungeheuer mächtig ist und, wie das Sprichwort besagt, Berge versetzen kann, ist auf der ganzen Welt unbestritten. Entgegen der verbreiteten Annahme sind viele Bereiche, die die Kraft des Glaubens offenbaren, jedoch nicht einmal religiöser Natur. Wir kennen beispielsweise den Placebo-Effekt, der zu Recht als die wohl älteste Medizin der Menschheit gilt. Wenn Aderlässe, Klistiere,

Blutegel und dergleichen selbst nicht halfen, dann halfen doch der Glaube und das Vertrauen in die Heilkraft der verabreichten Mittel. Kurz: Wer glaubte, der wurde gesund.

Wahrheit oder Täuschung?

Heute wird der Placebo-Effekt oft noch immer skeptisch und mit Argwohn betrachtet und gleichzeitig wissenschaftlich untersucht. Das Ergebnis dieser Forschungen: Ein Placebo (lateinisch für »ich werde gefallen«) ist und bleibt eine überaus wirksame Medizin. Allerdings wird der berühmte und inzwischen bewiesene Effekt in der Medizin alles andere als freudig begrüßt, durchkreuzt er doch die als sicher anerkannten Ursache- und Wirkungs-Prinzipien. Doch gerade die kritischen Forschungen zementierten nur noch die Grundthese: Der Glaube als solcher scheint eine enorme Heilwirkung zu bergen.

Daraus lässt sich folgern: Es gibt überhaupt keine nicht wirksame Substanz. Bekommt ein kranker Mensch ein Medikament verabreicht, das nichts anderes als Milchpulver enthält, geht hiervon dennoch eine heilsame Wirkung aus, sofern der Patient daran glaubt, dass es sich um ein »echtes« Präparat handelt. Sogar Nebenwirkungen werden beobachtet, und das, obwohl beispielsweise ein Milchpulver selbst sicherlich keine derartigen Reaktionen verursacht: Nach der Einnahme eines Placebos können ganz ähnliche Nebenwirkungen (Kopfschmerzen, Übelkeit usw.) eintreten wie bei der Verabreichung eines Originalpräparates. Bei der Placebo-Forschung lassen sich ohnehin eine ganze Reihe irritierender Effekte beobachten: Verabreicht man Probanden Pillen, von denen man behauptet, sie wirken beruhigend, tritt exakt dieser Effekt ein. Kurioserweise haben blaue Pillen eine stärker beruhigende Wirkung als gelbe oder rote; Spritzen wirken deutlich besser als Tabletten. Besonders gut hilft, was schlecht schmeckt, weh tut oder viel kostet. Auch sehr genaue Einnahmeinstruktionen verstärken die Wirkung: »Nehmen Sie dreimal täglich genau acht Tropfen.« Und die Wirkung lässt sich nochmals steigern, wenn mit solchen Instruktionen Warnungen ausgesprochen werden: »Nehmen Sie nicht mehr, es handelt sich um ein sehr starkes Medikament!«

Ähnlich verblüffend ist ein anderer Forschungsbericht. In England wurde ein neues Verfahren vorgestellt, das Linderung für Patienten versprach, denen ein Weisheitszahn gezogen wurde. Die Behandlung bestand darin, die geschwollenen Wangen der Patienten vorsichtig mit einer Ultraschall-Sonde zu berühren. Bei mehr als einem Drittel der Geplagten schwoll die Wange sofort ab. Was sie nicht wussten: Das Ultraschallgerät war abgestellt, in Betrieb war nur das Kontrolllämpchen. – Was ist es nun, das hier zu heilsamen Effekten führt, obwohl gar keine Behandlung im herkömmlichen Sinne stattfindet? Das Problem gibt uns und vor allem den Medizinern noch immer Rätsel auf. Klar ist aber, dass vor allem der Glaube an eine kompetente und fundierte Behandlung hier eine sehr große Rolle spielt. Der Glaube scheint in diesen Fällen eine Energie freizusetzen, die für sich bereits vorhanden sein muss, denn dem Patienten wird letztendlich keine im herkömmlichen Sinne wirksame Substanz oder Behandlung zugeführt, die für einen Heilungsprozess verantwortlich sein könnte.

In der Medizin wird das lateinische Wort »verum«, übersetzt »Wahrheit«, für ein wirksames Originalpräparat verwendet. Anstelle dieser Wahrheit steht beim Placebo-Effekt nun eine Täuschung, dennoch unterscheidet sich die spätere Realität nur geringfügig: Sowohl die »wahren« als auch die »falschen« Medikamente sind eindeutig wirksam. Und allein der Glaube – d.h. das, was wir für »gut und lieb heißen« – scheint die Kraft in uns zu wecken, die die heilsame Energie freisetzt. Sobald uns aber der Glaube fehlt, in guten Händen zu sein, wenn wir nicht an die Wirkung eines Präparates glauben, tendiert der ansonsten so wirkungsvolle Effekt eines Placebos gegen null.

Ganz ähnlich verhält es sich im religiösen Bereich des Glaubens. Wer voller Überzeugung an einen Gott glaubt, wird hieraus Energie beziehen und dabei »Beweise« für die Existenz seines Gottes finden, die den Glauben dann wiederum stärken. Der Ungläubige dagegen wird skeptisch bleiben, eine ablehnende Haltung einnehmen und somit auch niemals die Kraft des Glaubens erfahren. Und der Glaube an eine höhere Macht, die wir »gutheißen«, ist zentrales Element nahezu aller uns bekannten Religionen.

Komplexität des Glaubens

Wenn wir auf die religiöse Glaubensgeschichte blicken, lässt sich feststellen, dass ein starker Glaube kaum jemals zu erschüttern ist. Was allein den christlichen Glauben betrifft, der für sich postuliert – wie viele andere Glaubensrichtungen ebenfalls –, die einzig wahre Religion zu sein, gab es wiederholt Kollisionen mit den jeweils neuesten wissenschaftlichen Erkenntnissen. Die Kirche war immer wieder gezwungen, Korrekturen vorzunehmen und musste zuweilen auch kolossale Irrtümer eingestehen. Als besonders frappierende Beispiele gelten die Kreuzzüge und die

Inquisition des Mittelalters, die Verurteilung Galileos (für seine Behauptung, die Erde drehe sich um die Sonne – und nicht umgekehrt) oder der Umgang mit der Darwinschen Evolutionstheorie im 19. Jahrhundert. Immer wieder war die Kirche gezwungen, sich in Glaubensfragen den Erkenntnissen der Wissenschaft anzupassen. Gerade in Anbetracht der Unfehlbarkeit des Papstes[1], die auf dem Ersten Vatikanischen Konzil 1870 zum Dogma erhoben wurde, sollten sich bei den Gläubigen doch eigentlich Zweifel an ihrem Glauben einstellen. Doch für über eine Milliarde Katholiken führen alte oder neue Irrtümer nicht zum Verlust ihres Glaubens.

Der Glaube entspringt dem Herzen der Menschen und ist daher an sich einfach; die entsprechenden Glaubenssysteme jedoch entwickelten sich nach und nach zu überaus komplizierten Gebilden. Wenn man auf die großen, seit Jahrhunderten und Jahrtausenden bestehenden Religionen schaut, kann man schnell feststellen, dass es sich in allen Fällen um hochkomplexe Glaubenssysteme handelt. In allen Fällen gibt es beziehungsreiche heilige Schriften; dazu wird eine unermüdliche Exegese betrieben. Ständig werden die Texte neu erläutert, interpretiert, kommentiert und um Lesarten ergänzt. Es wird also ein enormer Aufwand betrieben, die Systeme – auch gerade in Anbetracht der Irrtümer oder nicht mehr haltbarer Ansichten – von Zweifeln frei zu halten. Es werden enorme Anstrengungen unternommen, um Widersprüche wegzuerklären. Und das Resultat ist eindeutig, führt es doch dazu, dass Fehler in einem komplexeren Denksystem schwerer zu finden sind. Eine einzelne Aussage kann mithilfe des logischen Denkens oft schnell überprüft werden: Sie wird sich als

---

[1] Das Dogma der Unfehlbarkeit bezieht sich auf alle Fragen des Glaubens und der Moral.

wahr oder falsch herausstellen. Doch sobald ein System aus unzähligen Aussagen besteht, fallen einzelne Fehler einfach nicht mehr auf. Werfen wir hierfür einen Blick auf die Logik, der Lehre vom folgerichtigen Denken:

Wenn ein System aus zehn Aussagen besteht, von denen zwei im Widerspruch stehen, dann wird dies sofort auffallen (20% der Aussagen stehen erkennbar im Widerspruch). Wenn wir nun noch 990 Aussagen hinzufügen und dabei keine weiteren Fehler oder Widersprüche einbeziehen, dann sinkt die relative Fehlerzahl auf 0,2%! Denn jetzt sind plötzlich nur noch zwei von 1.000 Aussagen miteinander im Widerspruch. Zehn Aussagen können Sie leicht miteinander vergleichen, bei 1.000 Aussagen schaffen Sie es nicht mehr. Die Wahrscheinlichkeit, dass Sie die beiden Fehler überhaupt finden, ist recht gering! Und selbst wenn noch 18 weitere Fehler in das System eingeschleust werden, dann liegt die relative Fehlerzahl immer noch bei nur 2%. Also scheinen weniger Fehler im System zu sein, während es absolut doch eindeutig mehr sind. Nur relativ sind es weniger. Bei komplexen Denksystemen, wie den großen Religionen, werden mit jedem aufgedeckten Fehler oder Widerspruch neue Wegerklärungen gefunden, und jedes Mal sinkt die relative Fehlerquote. Damit wird zugleich jeder einzelne Fehler besser versteckt – das System bleibt in sich falsch.

Daher werden im Laufe der Zeit Glaubenssysteme auch immer komplexer. Und deswegen ist ein altes Glaubenssystem scheinbar auch glaubhafter als ein neues. Denn relativ gesehen enthält es nur wenige Fehler; außerdem stehen mehr Anhänger bereit, die hilfreich alle auftretenden Fehler wegerklären und damit noch besser verstecken. Genau genommen aber bleibt das System falsch und wird im Laufe der Zeit nur noch fehlerhafter. Die Gewissheit des Glaubens wird also damit gestärkt, dass (gemessen an der Gesamtmenge) recht wenige Fehler enthalten sind. Und man kann sich selbst jeden Fehler damit erklären, dass man eben nicht alles über das System weiß oder wissen kann und dass es eben dafür eine perfekte Erklärung gibt, die man nur gerade eben nicht zur Hand hat. Der Logiker würde also sagen, Glaubensgewissheit ist lediglich eine (psycho)logische Täuschung.

Sind also gerade die großen Religionen damit nichts anderes als ein gigantisches Täuschungsmanöver? Keineswegs. Denn der Glaube der Menschen ist real, auch wenn er mit den realen Gesetzen der Logik kollidiert. Und schließlich haben wir in diesem Buch schon mehr als einmal gesehen, dass das logische Denken durchaus auch Grenzen unseres Daseins aufstellt, die es zu überwinden gilt. Außerdem zeigt der Glaube reale Auswirkungen auf das Leben der Gläubigen, ganz gleich, welcher Religion sie nun angehören.

So unterschiedlich die einzelnen Religionen zunächst erscheinen mögen, finden sich bei einer näheren Untersuchung doch immer wieder Parallelen und Gemeinsamkeiten. Am Anfang stehen immer zentrale Fragen, die das Leben des Menschen betreffen: Woher komme ich? Warum lebe ich? Welchen Sinn hat mein Leben? Wohin gehe ich, wenn ich sterbe? – Der Glaube ist es, der dem Menschen eine Antwort darauf gibt, ganz egal, welcher Religion er angehört. Auch die sogenannten Weltreligionen (der Buddhismus, das Christentum, der Islam, der Hinduismus und das Judentum) sind schon dadurch vereint, dass sie Gott als das unsere irdische Wirklichkeit übersteigende Geheimnis unseres

Lebens und als den Ursprung dieser Welt als Ganzes anerkennen. In dieser Beziehung haben sie eine gemeinsame Basis, auf die sie den Menschen und seine Wirklichkeit in all ihren Dimensionen bezogen sehen.

Alle Religionen stellen in ihrer Essenz und in ihrem besten Geiste Bemühungen dar, den Menschen die Erfahrung einer zentralen Wirklichkeit in der menschlichen Konstitution näherzubringen. Überall, auch in den kleineren und früheren Religionen, geht es letztlich um die Begegnung mit dem Heiligen, Vollkommenen, Absoluten, Göttlichen – um die Begegnung mit dem einen universalen GOTT. In den Menschen scheint also ganz offensichtlich eine Sehnsucht nach dem Göttlichen tief verankert zu sein. Heute gehen Neurotheologen und Biochemiker sogar davon aus, dass der Mensch mit einer speziellen Gehirnregion (sie soll sich im »limbischen System« befinden) ausgestattet ist, die den physiologischen Antrieb für spirituelle Gotteserfahrungen liefert.

Die in uns verankerte Sehnsucht nach Vollkommenheit und nach dem Göttlichen transportiert sich auch über die Ebene der Religion in die Heiligen Schriften der verschiedenen Kulturen. Doch was dem einen hier heilig ist, ist für den anderen nur absoluter Humbug, vielleicht noch eine Sammlung von nützlichen Weisheiten oder auch bloß ein schönes Märchen. Der Christ hält die Bibel – und insbesondere das Neue Testament – für die eine Wahrheit und für das Wort Gottes; ein Jude beruft sich auf die Thora (die fünf Bücher des Moses); der Islam bezieht sich auf den Koran; der Hinduismus fußt auf den vier Veden. Welche Schrift auch immer im Vordergrund steht und für heilig erklärt wurde – sie alle beeinflussten ganze Kulturen und damit das Leben unzähliger Menschen.

Die Sehnsucht nach dem Göttlichen ist zugleich eine Sehnsucht nach magischen Momenten und nach Wundern. Dies ist auch der Grund dafür, dass wir uns bereits als Kinder von Märchen magisch angezogen fühlten. Diese Anziehungskraft setzt sich unser gesamtes Leben lang fort: Auch der Erwachsene ist noch wie gebannt von fantastischen Geschichten, die er in Büchern liest oder als Filme anschaut. Tatsächlich lassen sich sogar Parallelen ziehen zwischen Märchen und den verschiedenen Heiligen Schriften der Religionen. Ob es nun um Jesus oder Buddha, um Heilige, Engel oder Propheten geht – sie alle bringen übernatürliche Wunder hervor. Und diese Wunder erst machen sie für uns zu göttlichen Wesen. Das größte Wunder dieser göttlichen Wesen besteht immer in dem magischen Umgang mit Realitäten. Denn die herkömmliche und in ihren Dimensionen beschränkte Realität wird von ihnen ins Unendliche erweitert und schließlich durchbrochen.

Alle göttlichen Wesen verweisen auf das Herz und nicht auf den Verstand, sie alle konzentrieren sich auf die »Beautiful Energies« des Geistes. Die Fokussierung auf die Liebe und Schönheit im Herzen führt zu einem energetischen Fluss auch in den Gedanken und ermöglicht somit die Überwindung der Materie. Sie verbinden sich in ihrem eigenen Gedankenfluss mit dem Universum. Sie werden allgegenwärtig: alles in allem! EIN EINS!

Gott ist in unserem Herzen, bereits das Wissen darüber macht uns alle Menschen ausnahmslos zu göttlichen Wesen – zu göttlichen Wesen mit Beautiful Energies in unseren Herzen.

Glauben bedarf keiner Argumentation

Insbesondere die Religionen beweisen eindrucksvoll, dass sich die Menschen schon immer ihre eigene Realität geschaffen haben. Und dies in vielfältiger und immer wieder abgeänderter Weise: Jede Religion hat im Laufe der Jahrhunderte oder Jahrtausende unzählige Verzweigungen genommen und sich immer wieder gewandelt. Allein die Zahl der christlichen Gruppierungen geht ins Unüberschaubare. Nicht anders verhält es sich bei den anderen großen (und ebenso bei vielen unbekannteren) Religionen. Nicht nur jede einzelne Religion hält an ihrem Glauben und an ihren Überzeugungen fest und ist von der Wahrhaftigkeit ihrer Lehre überzeugt – jede abgespaltene Gruppe und Neuorientierung ist ebenfalls der Meinung, die einzige Wahrheit zu lehren. Hieraus ergeben sich zahllose Realitäten, die sich nicht nur im Geiste der Menschen, sondern ebenso im praktischen Leben und den ethischen Lebensregeln äußern. Diese Realitäten bestehen zeitgleich und parallel, sie alle sind für sich real und existent.

Auch wenn nahezu alle Religionen ähnliche ethische Gesetze lehren (beispielsweise finden sich die uns als zehn Gebote bekannten Richtlinien in oft nur geringfügig abgewandelter Formulierung bei fast allen Religionen wieder), kommt es doch immer wieder zu Konflikten zwischen den jeweiligen Lehren: Die einen wollen nicht glauben, wovon die anderen überzeugt sind, und zeigen sich intolerant gegenüber allen anderen Auffassungen. Diese Intoleranz kann selbst dann beobachtet werden, wenn sich die Grundlehren nicht einmal sehr stark unterscheiden. Toleranz im religiösen Bereich ist gleichbedeutend damit, die Realität eines anderen anzuerkennen und gleichzeitig die eigene infrage zu stellen. Und dazu sind längst nicht alle Menschen fähig.

Nur etwa 15 % der Weltbevölkerung von derzeit ca. 7 Milliarden Menschen bezeichnen sich (bei einer übrigens rückläufigen Tendenz) als Atheisten, was allerdings noch lange nicht heißt, dass die Nichtreligiösen über keinerlei Glauben oder Überzeugungen verfügen. Damit ist in den Vorstellungen des überwiegenden Anteils der Weltbevölkerung eine bestimmte Gottesvorstellung verankert. Ein Religionswissenschaftler kann mühelos Hunderte von unterschiedlichen und zugleich miteinander verwobenen lebendigen Religionen identifizieren. Nimmt man noch die Anzahl der ausgestorbenen Religionen aus 6.000 Jahren hinzu, steigt die Zahl ins Unermessliche. Jede aktuelle oder vergangene Religion führt zu einer unleugbaren Realität, die sich im Leben und den Glaubensvorstellungen der jeweiligen Anhänger ausdrückt. Weil nun kein Individuum völlig identisch mit einem anderen ist, lassen sich aus dieser Perspektive auch Glauben und Religiosität nicht vereinheitlichen – nicht einmal dann, wenn es sich um Anhänger ein und derselben Lehre handelt. Jeder einzelne Mensch wird seinen Glauben immer in zumindest etwas unterschiedlicher Weise empfinden und ausleben. Daraus ergeben sich (nur für die Gegenwart gerechnet) mehrere Milliarden Gottesvorstellungen, die allesamt und jede für sich real sind. Auf die eine oder andere Weise ist Gott folglich überall und in jedem präsent.

Durch die Kraft des Glaubens wird bei einigen Menschen zweifelsfrei eine Energie aktiviert, die zu ganz erstaunlichen Wirkungen führen kann. Es ist das Göttliche, das diese Energie freisetzt, die ohnehin in unserem Körper, in Geist und Seele verborgen ist. Für viele Menschen wird die Religion, der Glaube zu einem wirksamen Mittel, um einen Zugriff auf die ansonsten versperrte Energie zu erhalten. Die Religion ist etwas Subjektives und bedarf daher keiner Argumentation, um sie zu rechtfertigen. Der

Gläubige hat recht, wenn er beispielsweise im geweihten Brot und Wein Energie und geistige Erbauung empfängt; und der Ungläubige hat nicht unrecht, wenn er behauptet, dass es für ihn nur Wein und Brot seien; doch behauptet er, für den Gläubigen verhalte es sich ebenso, hat er eindeutig unrecht. Welchen Namen wir einem Gott geben, woran wir ganz konkret glauben, scheint fast nebensächlich. Die Kraft des Glaubens scheint dennoch existent zu sein, sie kann jedenfalls nur schwerlich komplett geleugnet werden. Mit dem Glauben an eine göttliche Kraft wird die verborgene Energie aktiviert. Hier liegt ein Potenzial, das nicht nur für den Anhänger einer Religion erfahrbar ist.

8
Die Realität des Göttlichen erfahren und erleben

Charles Baudelaire, der berühmte französische Dichter, provozierte mit seiner Meinung, dass Gott das einzige Wesen sei, das, um zu herrschen, nicht einmal der Existenz bedarf. Und tatsächlich scheint es vor allem der unerschütterliche Glaube an eine universelle Macht zu sein, der zu den wundervollsten Effekten führen kann. – Dennoch irrte Baudelaire, wenn er die Existenz Gottes einfach vollständig leugnete. Was er nicht berücksichtigte, ist die Tatsache, dass Gott in dem Moment real und existent wird, selbst wenn auch nur eine einzige Person an ihn glaubt.

So wie in der Bibel Abraham den Bund mit Gott einging, kann jeder Mensch eine Verbindung mit dem Göttlichen finden. In absoluter Hingabe erfuhr Abraham das Göttliche und besiegelte die Beziehung mit einem Blutbund. Im Blut des Opfers verpflichten sich beide – Gott und Abraham – gegenseitig füreinander und schließen kraft des Blutes und des Lebens Gottes ewigen Bund (Ps. 105,8). Es ist Abrahams Hingabe für alle Zeit an Gott, das Leben selbst ist das Pfand, und am Ende davon steht: »Abraham, mein Freund«.

Der religiös und vom Glauben Erleuchtete tritt mit seiner Erleuchtung in eine neue Realität mit ganz anderen Dimensionen ein. Nur sind es wohl weniger die Religionen und die jeweils verehrten Götter selbst, die Kraft freisetzen – vielmehr scheint der Glaube eine Brücke zu der ohnehin in uns selbst vorhandenen Energie zu bilden. Denn was Gott ist, das ist im Grunde auch der Mensch – und umgekehrt. Wir sind alle weit größer, als wir wahrhaben wollen. Meist haben wir keine bewusste, dynamische Kenntnis von unserer eigenen und zugleich überall vorhandenen Energie und können daher nicht in bewussten Kontakt mit der Energie in unserem Inneren treten.

Der religiösen Auffassung nach ist Gott allgegenwärtig, also räumlich nicht begrenzt. Er ist erste und letzte Ursache für alles, kann also etwas in dieser Welt in Bewegung setzen. Seine Macht ist unendlich groß. Gehen wir an dieser Stelle noch einmal zurück zu den Erkenntnissen der modernen Physik, denn die genannten einem Gott zugeschriebenen Eigenschaften entsprechen einem der wichtigsten Konzepte in der Physik. Auch Energie hat keine räumliche Begrenzung; sie füllt das ganze Universum aus. In der Quantenphysik spricht man von Vakuum-Energie, die sich sozusagen im Nichts (dem Vakuum) des Raums verbirgt, von dort aus jedoch gewaltige Wirkungen entfalten kann – zum Beispiel eine Sonne aus dem Nichts entstehen lassen. Damit ist auch die Allmacht der Energie gezeigt: Sie bewirkt etwas. Jede Kausalität ist mit Energie verknüpft. Was fehlt, ist ein Bewusstsein für diese göttliche Energieform. Wofür viele den Namen Gott verwenden, lässt sich ebenso als Energie bezeichnen. Um es kurz zu fassen: Gott ist Energie!

Uns allen ist Einsteins Relativitätstheorie ein Begriff. Einsteins »Allgemeine Relativitätstheorie« mündet in der bekannten Formel $E = mc^2$. Diese Formel ist weitaus weniger kryptisch, als man zunächst meinen möchte, besagt sie doch ganz konkret, dass Masse und Energie letztlich gleich sind. Beide sind Ausdruck ein und derselben Sache: Energie ist freigesetzte Materie, und Materie ist

Energie, die noch auf ihre Freisetzung wartet. In der berühmten Gleichung steht E für Energie, m für Masse und c^2 für Lichtgeschwindigkeit mit sich selbst multipliziert. Aus dieser Multiplikation ergibt sich eine wahrhaft unglaublich große Zahl. Somit geht aus der Gleichung auch hervor, dass in jeder Materie – ganz gleich welcher Art – immer eine ungeheure Energie steckt. Wir selbst und alles um uns herum bestehen aus einer unerschöpflichen Energie. Diese Energie tritt in unterschiedlichen Erscheinungsformen auf und findet auch auf ungewöhnlichen Wegen Zugang zu unserem Leben. Ein Beispiel dafür ist die Mathematik.

Das Pascalsche Dreieck, Zufälle und Koinzidenzen

Der französische Philosoph Blaise Pascal (1623–1662) war nicht nur einer der herausragendsten Philosophen seiner Zeit, sondern in gleicher Weise auch Mathematiker. Nach ihm wurde das Pascalsche Dreieck benannt, das allerdings auf einen chinesischen Mathematiker zurückzuführen ist. Das Dreieck kam zu seinem heutigen Namen, weil es Pascal war, der einige Geheimnisse des mysteriösen Systems entschlüsselte, womit er u. a. die Grundlagen für die moderne Wahrscheinlichkeitsrechnung lieferte.

Das Pascalsche Dreieck lässt sich über zahlreiche Wege bilden und herleiten. Die oben rechts abgebildete Variante entspricht der gängigsten Form. Hier gilt, dass jede Zahl die Summe der beiden Zahlen, die links und rechts oberhalb von ihr stehen, bildet. Dies sind die sogenannten Binomialkoeffizienten (daher befindet sich im Pascalschen Dreieck auch ein Beweis für den binomischen Lehrsatz, den Sie vielleicht noch aus der Schule kennen). Oben geht es mit einer 1 los. Nach unten könnte es prinzipiell unendlich weitergehen.

Das Pascalsche Dreieck

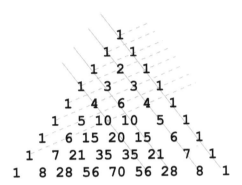

Wir wollen hier nicht in allzu mathematische Gefilde abdriften, sondern nur einige Besonderheiten des Pascalschen Dreiecks beschreiben:

Die Summe aller Zahlen in einer Zeile ist immer eine Potenz der Zahl 2. Außerdem ist die Quersumme einer jeden beliebigen Zeile immer doppelt so groß wie die der vorhergehenden. Zudem sind alle Zahlen in einer Zeile mit einer Primzahl als Zeilennummer durch diese teilbar.

Doch denken wir uns jetzt eine Diagonale innerhalb des Dreiecks (beispielsweise ab der 4. Zeile) bis nach ganz unten, ergibt sich eine weitere Überraschung: Denn man kann die Summe der Zahlen in einer beliebigen Diagonalen bis zu einer bestimmten Zahl direkt im Pascalschen Dreieck ablesen. Sie steht schräg unterhalb in der folgenden Zeile auf der nächsten Diagonalen. Ziehen wir also eine Diagonale ab Zeile 4 von der 1 bis zur 35: 1 + 4 + 10 + 20 + 35 ergibt 70. Die Zahl 70 steht schräg unter der 35. Diese Methode gilt für das gesamte Pascalsche Dreieck. Aus dieser Methode lassen sich übrigens praktische Verfahren für aufwändige Summenberechnungen ableiten.

Weiterhin lassen sich aus dem Dreieck die berühmten Fibonacci-Zahlen ableiten. Diese Zahlen haben die Eigenschaft, dass jede Zahl die Summe der beiden vorhergehenden bildet. Eine Fibonacci-Reihe beginnt demnach folgendermaßen: 1, 1, 2, 3, 5, 8, 13, 21 und lässt sich unendlich fortsetzen. Die Summe von 1 + 1 = 2; die Summe von 2 + 3 = 5 usw. Gehen wir zurück zum Pascalschen Dreieck: Ziehen wir nun eine Linie von der obersten Zeile, jeweils von der rechten Seite (gestrichelte Linien). Summiert man die Zahlen auf diesen Linien, so erhält man die Fibonacci-Reihe (1, 1, 2, 3, 5 usw.).[1]

Das auf den ersten Blick Faszinierendste am Pascalschen Dreieck sind wohl die fraktalen Muster, die sich beispielsweise ergeben, wenn wir sämtliche ungeraden Zahlen durch einen schwarzen und alle geraden Zahlen durch einen weißen Punkt ersetzen. Weitere Muster ergeben sich, wenn z. B. alle Zahlen markiert werden, die durch eine beliebige Zahl teilbar sind. Hierbei treten die merkwürdigsten Phänomene auf, die sich nicht ohne weiteres erklären lassen. Darüber hinaus lassen sich im Pascalschen Dreieck noch viele weitere Anwendungen und Zusammenhänge entdecken; dazu werden ständig neue Erkenntnisse gewonnen, und es gibt eine fast unüberschaubare Zahl an Abhandlungen über die Zahlenanordnungen im Dreieck. Mathematiker auf der

---

[1] Etwas komplizierter lassen sich zudem auch sogenannte Partialsummen der Fibonacci-Reihe ableiten.

ganzen Welt haben sich mit den hier auftretenden erstaunlichen Phänomenen beschäftigt. Pascal selbst wusste, dass er längst nicht alle Eigenschaften des Dreiecks entdeckt hatte, und war sich sicher, dass es noch weit mehr Geheimnisse berge, als ihm bekannt waren.

Seit mehreren hundert Jahren bemühen sich die begabtesten Mathematiker der Welt, die Rätsel des Pascalschen Dreiecks zu entschlüsseln. Und es gelingt ihnen teilweise auch, doch kommen insgesamt nur wieder neue Geheimnisse hinzu. Deshalb wundert es nicht, dass gerade das Pascalsche Dreieck auch zahlenmystisch interpretiert wird.

Die Zahlenmystik führt für die meisten von uns zunächst in den Bereich des Aberglaubens. Das Wort »aber« heißt in seiner ursprünglichen, heute veralteten Bedeutung so viel wie »falsch, schlecht«. Der Aberglaube ist also ein falscher Glaube. Dennoch ist er ein Glaube und damit nicht weniger präsent als jede andere Form des Glaubens. Nebenbei bemerkt, sind es natürlich Gläubige zumeist der großen Religionen, die einen anderen Glauben zum Aberglauben erklären und damit als dummen Glauben abstempeln. Doch gerade die Zahlenmystik erfreut sich heute immer mehr Anhänger. Schon seit geraumer Zeit bekennen sich einige Weltstars (Madonna, Demi Moore, Wynona Ryder, Mick Jagger u. a.) zu einer dieser Geheimlehren, wodurch sich der Trend natürlich noch stärker verbreitet. In den Texten der Thora, der fünf Bücher Mose, so glauben sie, seien alle Prinzipien des Universums überliefert. Wer ihren geheimen Code versteht, halte deshalb den Schlüssel zu den Geheimnissen der Welt in der Hand. Dabei kann die sogenannte Kabbala nicht einfach als reiner Aberglaube abgetan werden.

Die Kabbala ist eine Sammlung mittelalterlicher, schwer verständlicher Texte, voller Zahlenmystik, Rätsel und alter jüdischer Symbolik. Generationen von Theologen haben sich schon über ihre Bedeutung den Kopf zerbrochen. Diese jüdische Form der Mystik ist im 13. Jahrhundert in Spanien entstanden. Die Kabbalisten suchten nach geheimen Überlieferungen in der Thora, den fünf Büchern Mose, indem sie zum Beispiel hinter bestimmten Buchstabenfolgen oder Zahlenkombinationen eine tiefere Bedeutung vermuteten. In der jüdischen Theologie gelten die kabbalistischen Texte bis heute als wertvoll und interessant, allerdings auch als undurchsichtig und mysteriös – zugänglich nur für diejenigen, die die Thora und ihre Kommentare, den Talmud, lange studiert haben.

Die Kabbala ist nur eine der bekanntesten Formen der Zahlenmystik. Schon in frühesten religiösen und naturphilosophischen Zeugnissen finden sich Hinweise auf symbolische Deutungen der Natur und der den Menschen umgebenden Elemente im Universum durch Zahlen. Dies gilt sowohl für den orientalischen wie eben auch insbesondere für den jüdisch-christlichen Kontext. Überall wimmelt es von verschlüsselten Botschaften, die nur auf ihre Decodierung warten. Es herrscht die Vorstellung von einer über den Zahlenwert hinausreichenden Bedeutung vor allem einiger bestimmter Zahlen. Auch werden Zahlen Bedeutungen zugeschrieben, die durch Multiplikation, Division, Quersummenbildung auf andere Zahlen verweisen, zu ihnen hin- oder von ihnen zurückführen.

Mit derartigen Methoden gewinnen zunächst unauffällig erscheinende Zahlen plötzlich eine enorme Bedeutung. Es entstehen heilige Zahlen, die auf Ordnungsprinzipien und einen Sinn in der Schöpfung Gottes hinweisen sollen. Dabei ist die Zahlenmystik für keinen von uns völlig fremd: So mancher hat seine persönliche Glückszahl; und immerhin so viele Menschen betrachten die 13 als Unglückszahl, dass beispielsweise bei der Nummerierung von Hotelzimmern oder von den einzelnen Etagen des Hotels eben diese Zahl übergangen wird. Die 13 gilt übrigens als Unglückszahl, weil sie auf die heilbringende 12 folgt (welche die Schlusszahl des babylonischen Duodezimalsystems bildet). Diese Interpretation hat sich durchgesetzt, obwohl die 13 im Alten Testament noch als Glückszahl verstanden wurde.

Gerade bei den großen Religionen galten bestimmte Zahlen schon immer als besonders bedeutungsvoll, weshalb es unsinnig ist, dass die gleichen Religionen die Zahlenmystik in den Bereich des Aberglaubens schieben. Werfen wir beispielsweise nur einen Blick auf die relevante Zahlensymbolik, die auch für das Christentum von Bedeutung ist.

1: Bild Gottes als Zeichen der Absolutheit, der unteilbaren Einheit.

2: Hinweis auf Dualität, Gegenüberstellungen. Hier sind z. B. die sogenannten »Erfüllungstheorien« zu nennen, das heißt, Ereignisse des Alten Testaments der Bibel finden ihre Fortsetzung bzw. Erfüllung im Neuen Testament. So entsprechen beispielsweise die zwölf Stämme Israels den zwölf Aposteln Jesu.

3: Sinnbild der Vollendung, des Göttlichen. Trinität, Dreifaltigkeit. Abraham wird von drei Engeln besucht; Jesus befand sich vor der Auferstehung drei Tage im Grab. Dies alles sind zugleich Hinweise auf die umfassende Bedeutung der Trinität. Unzählige Dreieckskonstruktionen erinnern an sie, auch die drei Portale der Kirchenfassaden. Dreimal tauchte man den Täufling ein, drei an der Zahl sind die theologischen Tugenden Glaube, Liebe, Hoffnung. Für die Pythagoräer sind das All und alle Dinge durch die Zahl Drei begrenzt: Ende, Mitte und Anfang. Dreifache Gottheiten und Göttergruppen kannte man in China, Tibet, Ägypten, Persien, Babylonien, im Hinduismus und beim Mithraskult.

4: Zeichen für das Irdische im Gegensatz zum Göttlichen. Vier Himmelsrichtungen; vier Jahreszeiten; vier Elemente; vier Evangelisten (Matthäus, Markus, Lukas, Johannes); vier große Kirchenlehrer (Augustinus, Ambrosius, Hieronymus, Gregor der Große). Die vier Buchstaben, die den Namen Adams, des Menschen, ausmachen (im Griechischen zugleich die Anfangsbuchstaben der vier Himmelsrichtungen: anatole, dysis, arktos, mesembria).

5: Nach Pythagoras ist die Fünf, das Pentagramm (gebildet aus fünf Dreiecken oder fünf Alpha), die vollkommene Zahl des Mikrokosmos Mensch; das Pentagramm erinnert zugleich an den fünfzackigen Stern der Kabbala (wenn man ihn auf den Kopf stellt, sodass zwei Spitzen nach oben weisen, wird es ein negatives Zeichen, in der Kunst der Romanik z. B. das teuflische Zeichen des Bocks). Die Bibel kennt die fünf Bücher Mose; die fünf Brote, mit denen Christus die viertausend Mann speist; die fünf klugen Jungfrauen. Von fünf Wundmalen Christi wird berichtet; von ihnen leitet sich nicht nur das Wappen von Portugal (fünf Schilde mit je fünf Blutstropfen) ab, sondern in Bezug auf sie werden fünf Kreuze zur Konsekration in den christlichen Altar eingemeißelt. Fünfzig Tage trennen Pfingsten von Ostern. In der Zeit der Gotik (13.–14. Jahrhundert) sind die Weisen auf der Suche nach den Elementen einer fünften Essenz, der Quintessenz (quint = 5).

6: Als Zahl der Tage des Schöpfungswerkes ein Hinweis auf übermenschliche Kraft, steht sie zugleich in besonderer Beziehung zu Christus. Aber, wie so oft in der Symbolik, gilt hier ebenfalls das Gegenteil: 666 bedeutet die höchste negative Macht; es ist die Zahl der Bestie der Offenbarung von Johannes. Das Hexagramm, aus zwei gleichseitigen Dreiecken zusammengesetzt, ist als Siegel Salomos ein weit verbreitetes Symbol bei Juden, Christen und Muslimen und daher besonders oft an und in Synagogen zu finden.

7: In der Zahl Sieben sind Gott (3) und die Welt (4) sinnbildlich vereint. Deshalb gilt die Sieben als heilige Zahl. Menora (siebenarmiger Leuchter des Judentums); Buch mit sieben Siegeln; Vaterunser mit sieben Bitten; sieben ökumenische Konzile; sieben Erzengel.

8: Symbol für die neue Schöpfung = Auferstehung Christi; ursprünglich achteckiges Taufbecken; acht Seligpreisungen.

9: Die Neun steht für die Erlösung des Menschen, als »drei mal drei« in Bezug zur Dreifaltigkeit; es ist die Zahl der Engelchöre. Durch neun Planetensphären gelangt man zum zehnten Bereich, dem Ort der Erlösten. Ihr Quadrat, Einundachtzig, ist die »Zahl der Ewigkeit«. Zahlenspekulationen mit dem griechischen Alphabet führten u. a. zur besonderen Wertung des Wortes »Amen« (nach der Zählung der griechischen Buchstaben 1 + 40 + 8 + 50 = 99) als Vielzahl der Neun. Das irdische Leben Jesu endete auf Golgatha in der neunten Tagesstunde.

10: Die Zehn gewinnt besondere Bedeutung als zweimal fünf (lat. V+V), als Andreaskreuz, als griechischer Buchstabe X im platonischen System wie im Christusmonogramm. Da man seit alters an den Fingern abzählte, bildet die Zehn das Ende des Zählbaren. Zehn erscheint sehr früh als magische Grenze, da sie den Anfang und das Ende aller Zahlen darstellt. Die Pythagoreer gaben der Zehn als der Summe der vier ersten Zahlen (1 + 2 + 3 + 4) besonderes Gewicht als Zeichen der Vollkommenheit und Vollendung.

12: Die Zwölf ist eine der bedeutendsten Zahlen, förmlich ein Leitmotiv der Bibel (zwölf Stämme Israels, zwölf Edelsteine auf dem Brustschild des Hohepriesters, zwölf kleine Propheten, zwölf Apostel). Die Zwölf ist ferner die Zahl der Stunden des Tages oder der Nacht, der Monate des Jahres, der Tierkreiszeichen. Die himmlische Stadt Jerusalem ist ganz von der Zwölfzahl bestimmt. Zwölf mal zwölftausend = hundertvierundvierzigtausend ist die Zahl der Auserwählten und damit der Gesamtheit der Heiligen.

1000: Diese erste vierstellige Zahl des Dezimalsystems kommt über hundertmal in der Bibel vor.

Diese Liste von Zahlen mit hohem symbolischem Wert ließe sich nach Bedarf fortsetzen und bis ins Unermessliche verlängern, denn es gibt kaum eine Zahl, der nicht eine symbolische Kraft zugewiesen werden kann. Eignet sich eine Zahl als solche einmal nicht, lässt sich durch Addition, Subtraktion, das Bilden von Quersummen von links nach rechts und von oben nach unten schließlich doch das gewünschte Ergebnis herbeiführen. In der Zahlenmystik liegt der unbändige Drang, in den Dingen das Göttliche erkennen zu wollen. Dafür eignet sich das oben abgebildete mysteriöse Pascalsche Dreieck natürlich hervorragend. Hier lassen sich mittels unterschiedlicher mathematischer Operationen allerlei Ableitungen herstellen. Man wird immer das gewünschte Ergebnis erhalten. Wer fest entschlossen ist, bedeutsame Zahlenwerte zu entdecken, wird seine Zählmethode so lange ändern – oder seine Summen derart untergliedern –, bis eine symbolträchtige Zahl erscheint. Wenn Sie auf der Suche nach der Zahl 7 sind, werden Sie sie finden; suchen Sie die 19, werden Sie auch diese finden usw. Wir können hineinsehen bzw. hineinrechnen, was immer wir wollen – immer wird sich eine Möglichkeit finden lassen, die schließlich zum gewünschten Ergebnis führt.

Aber ist das dann tatsächlich alles nichts anderes als Zufall? Insbesondere wenn wir uns an die zahlensymbolische Interpretation heiliger Bücher machen, bekommen wir es mit derart komplexen Systemen zu tun, dass sich bestimmte Zusammenhänge, die tatsächlich geheime Botschaften sein könnten, kaum noch abstreiten lassen. Doch ebenso gut ließen sich die Zusammenhänge dem Zufall zuschreiben.

Das Wort Zufall ist noch relativ jung und in alten Sprachen nicht in unserem heutigen Sinne bekannt. Es wurde im 14. Jahrhundert als ein Kunstwort geschaffen, um dem Unberechenbaren einen Namen zu geben. Zuvor hatte man in dem, was wir heute Zufall nennen, das Wirken Gottes gesehen, das sich im Unterschied zum berechenbaren menschlichen Handeln stets im Unvorhersehbaren zeigte. Zufall war zunächst kein abschätziger Begriff, sondern bekam seinen schlechten Ruf erst im 17. Jahrhundert, im Zeitalter der Aufklärung, in der viele alte Vorstellungen und Denkmodelle als vorwissenschaftliche Irrtümer und als Unfug abgestempelt wurden. Seither galt der Zufall als ein unberechenbarer Störenfried, aber auch als eine eher zu verachtende Ausnahme von der Regel. Erst in den letzten Jahrzehnten beginnen sich Menschen wieder mehr mit dem Phänomen Zufall auseinanderzusetzen und erkennen darin etwas Bedeutsames. Was ist davon zu halten?

Interessant ist an dieser Stelle übrigens, dass die Mathematik letztendlich nicht in der Lage ist, eine zufällige Zahl zu generieren. Es gibt keine Formel, die als Ergebnis eine zufällige Zahl erzeugt. Und auch Computer haben hiermit ihre Mühen: Hinter jedem Programm, das eine zufällige Zahl erstellen soll, steht ein mathematischer Algorithmus, der auf einem klaren System beruht und somit alles andere als zufällig ist.

Der Zufall steht im Widerspruch zu jeder Art von Zahlensymbolik, denn hier ist schließlich nichts zufällig, vielmehr wird mithilfe von Zahlen versucht, in Unordnungen und Zufällen ein Muster und ein System zu erkennen. Die mystische Kraft der Zahlen ist bis heute ungebrochen. Dabei erstaunt es wenig, dass gerade den Zahlen eine besondere Bedeutung zugeschrieben wird, denn zunächst scheint sich alles, was sich durch Zahlen ausdrücken lässt, unmittelbar in ein System einordnen zu lassen. Sobald wir eine Zahl für etwas finden, lassen sich Relationen und Zusammenhänge abbilden. Daher leben wir auch in einem wahren Wust von Zahlen: Als Kinder lernen wir das Einmaleins, bekommen Zeugnisnoten, Taschengeld. Später verfügen wir über ein Gehalt, wir haben Konto-, Haus-, Telefon- und Autonummern, Schuhgrößen, Postleit- und Bankleitzahlen. Hinzu kommen Kalenderdaten und Uhrzeiten, die durch Zahlen konkretisiert werden und größten Einfluss auf unser Leben ausüben. Der Mensch lebt und stirbt also mit den Zahlen. Das Erste, was von einem Neugeborenen amtlich registriert wird, ist das halbe Dutzend Ziffern seines Geburtsdatums. Diese Zahlenkombination haftet ihm ein Leben lang so untrennbar an wie die eigene Haut. Wenn alles vorbei ist, wird dieser Zahlensatz durch ein Sterbedatum vervollständigt und erinnert schließlich, in Stein gemeißelt, an die Person, deren zeitliche Existenz er gegen die Ewigkeit abgrenzte.

Die Zahlen verknüpfen sich seit jeher mit der menschlichen Kultur. Seitdem die Menschen denken können, zählen sie – Jäger das Erlegte, Nomaden ihr Vieh, Bauern die Ernten, Könige die Untertanen, Krieger die Beute, Kaufleute den Gewinn. Ziffern und Zahlen bilden das Zellgewebe der Zivilisation. Zusammen mit der Schrift (die wiederum eine Zahlenfolge bildet) sind sie die wohl wichtigste Erfindung der Menschheit (wobei sich übrigens die Frage stellt, ob die Zahl bereits schon immer war oder ob sie tatsächlich erst vom Menschen erfunden wurde). Vorgänge in der Astronomie, in der Biologie, der Musik und Architektur usw. lassen sich in mathematischen Konstrukten abbilden.

Bei dieser Summe von Möglichkeiten wird sofort klar, dass sich hier eine enorme Fülle von Ansatzmöglichkeiten bietet, der unendlichen Menge von Zahlen eine mystische und religiöse Bedeutung zuzuschreiben, die Zusammenhänge erklären soll. Doch die meisten dieser Zusammenhänge sehen wir zunächst nicht, allein deshalb nicht, weil wir unseren Fokus nicht auf sie richten. Erst wenn wir damit beginnen, die Zusammenhänge sehen zu wollen, treten sie auch zutage. Wenn Sie also beispielsweise Ihr Geburtsdatum nehmen und daraus die Quersumme bilden, brauchen Sie sich das Ergebnis nur einzuprägen, und schon können

Sie sicher sein, dass Ihnen die Zahl demnächst häufiger begegnen wird.

Derartige Koinzidenzen (das Zusammentreffen von Ereignissen) sind dabei durchaus nicht selten. Sie treten vielmehr unaufhörlich und in unterschiedlichster Form auf. Ein beliebtes Beispiel ist der Anruf eines Freundes, an den wir gerade denken und von dem wir lange nichts gehört haben. Oder wir hören ein Wort, das wir bisher noch nicht gekannt haben, und müssen feststellen, dass wir eben dieses Wort von nun an häufiger zu hören bekommen.

Der Psychologe und Psychiater C. G. Jung war einer der Ersten, die das Phänomen der Koinzidenzen untersuchte. Er gibt in seinem Aufsatz »Synchronizität als ein Prinzip akausaler Zusammenhänge« ein plastisches Beispiel aus seiner eigenen Erfahrung:

> Heute ist Freitag. Wir haben Fisch zum Mittagessen. Jemand erinnert beiläufig an den Gebrauch des »Aprilfisches«. Am Vormittag habe ich mir eine Inschrift notiert: Der ganzheitliche Mensch ist von oben bis zur Mitte Fisch. Nachmittags zeigt mir eine frühere Patientin, die ich seit Monaten nicht mehr gesehen habe, einige ungemein eindrucksvolle Fischbilder, die sie in der Zwischenzeit gemalt hat. Abends wird mir eine Stickerei gezeigt, die fischartige Meeresungeheuer darstellt. Am 2. April, am frühen Vormittag, erzählt mir eine frühere Patientin, die ich seit vielen Jahren nicht mehr gesehen hatte, einen Traum, in welchem sie, am Ufer eines Sees stehend, einen großen Fisch erblickt, der direkt auf sie zuschwimmt und sozusagen direkt vor ihren Füßen landet. Ich bin zu dieser Zeit mit einer Untersuchung über das historische Fischsymbol beschäftigt. Nur eine der hier in Betracht kommenden Personen weiß darum. Der

Verdacht, dass es sich in diesem Fall um sinngemäße Koinzidenz, um einen akausalen Zusammenhang handeln könnte, liegt nahe. Ich muss gestehen, dass diese Häufung mir Eindruck gemacht hat. Sie hat für mich einen gewissen numinosen Charakter [numinos = göttlich, heilig]. Unter solchen Umständen sagt man bekanntlich gerne: »Das kann doch kein bloßer Zufall sein«, und weiß nicht, was man damit sagt. Die Stärke des Eindrucks beweist aber nichts gegen die zufällige Koinzidenz aller dieser Fische. Es ist gewiss höchst sonderbar, dass sich innerhalb vierundzwanzig Stunden das Thema »Fisch« nicht weniger als sechsmal wiederholt. Man muss sich aber vor Augen halten, dass Fisch am Freitag eine gewöhnliche Sache ist. Ich war damals schon seit mehreren Monaten mit dem Fischsymbol beschäftigt. Fische als Symbole unbewusster Inhalte kommen häufig vor. Es besteht daher keine gerechtfertigte Möglichkeit, darin etwas anderes als eben eine Zufallsgruppe zu erblicken.[2]

Sie selbst werden es gewiss schon mehrfach in ähnlicher Weise erlebt haben, dass Ihnen ein und dieselbe Angelegenheit (eine Zahl, ein Name, eine Begebenheit), nachdem sie – durch welche Umstände auch immer – in das Zentrum Ihrer Aufmerksamkeit gerückt ist, plötzlich in allerlei Zusammenhängen begegnet. Das mag Zufall sein, sofern es den Zufall, wie wir ihn meist verstehen, überhaupt gibt.

Jedenfalls heißt dies, dass eine Sensibilisierung, für welche konkreten Umstände auch immer, dazu führt, dass eben diese Dinge eine gewisse Bedeutung für uns erlangen. Und dies zuweilen auf eine Weise, die uns selbst erstaunt. Jede uns zunächst noch so

---

[2] C. G. Jung u. Wolfgang Pauli: Synchronizität als ein Prinzip akausaler Zusammenhänge. In: Naturerklärung und Psyche. S. 46f.

profan erscheinende Angelegenheit kann, wie der Fisch bei C. G. Jung, zu neuer Relevanz gelangen, wenn wir beginnen, unser Bewusstsein darauf auszurichten. Unser Bewusstsein jedoch benötigt meist einen Anstoß, damit sich der Fokus auf eine Sache richtet. Ist dieser Anstoß gegeben, beginnen wir nach Mustern, Systemen und Zusammenhängen zu suchen. Und wer hier zu suchen beginnt, wird schließlich auch Zusammenhänge – selbst wenn sie uns vielleicht etwas merkwürdig erscheinen – finden.

Das gesamte Phänomen zeigt zugleich, wie viele Dinge jeweils außerhalb unseres Bewusstseins liegen. Denn wenn uns plötzlich beispielsweise eine bestimmte Zahl gehäuft begegnet, heißt dies vor allem auch, dass sich diese Zahl in unser Bewusstsein eingeprägt hat, währenddessen unzählige andere gleichzeitig keine Rolle zu spielen scheinen. Wir wissen also immer nur, was wir wahrnehmen, nicht aber, was unserer Wahrnehmung gleichzeitig alles entgeht. Und durch eine geschärfte Wahrnehmung, durch ein umfassenderes Bewusstsein erhalten wir die Möglichkeit, mehr von den substanziellen Dingen zu erfahren. Wenn sich bereits hinter einer letztlich beliebigen Zahl etwas verbergen kann, kann ebenso gut hinter allen Dingen etwas stecken. Und wenn wir hier insbesondere das Schöne erkennen, wird sich diese Schönheit auch in unserem Leben ausbreiten.

Alle vorangegangenen Ausführungen laufen auf die erstaunliche Tatsache hinaus, dass die Welt letztlich immer eine Spiegelung unseres Inneren ist. Wenn wir Zusammenhänge erkennen wollen, werden sich diese Zusammenhänge zeigen; wenn wir eine Zahl für bedeutsam erklären, wird sich die Bedeutsamkeit eben dieser Zahl zeigen. Unsere Außenwelt ist in allen Fällen, was wir im Innersten sind.

Im ganzen Universum gibt es keine Zufälle, hier ist alles Teil eines in sich geschlossenen Systems – davon gehen heute selbst die meisten Physiker und Astronomen aus. Alles geschieht im Rahmen von gewissen Gesetzmäßigkeiten. Es ist das Bewusstsein des Körpers, der Seele und des Geistes, das durch seine Gedankenflüsse, Emotionen und Handlungen die Gesetzmäßigkeiten zur Wirksamkeit bringt. Was der Mensch dann mit Zufall bezeichnet, ist das, wovon er die Ursache nicht kennt. Manche Vorgänge sind offensichtlich, andere sind es nicht. Wenn wir eine Schönheit in uns tragen, werden wir eben diese außen erkennen und dabei eine Welt voller Beautiful Energies erfahren.

Fantasie, Vorstellungskraft und Kreativität

Im Vorangegangenen haben wir vom Zufall gesprochen und dabei noch offen gelassen, ob es Zufall überhaupt gibt. Was ist überhaupt die Ursache für die Aufmerksamkeit, die wir einem »Zufall« schenken? Denn vielleicht sind viele Dinge gar keine Zufälle, sondern viel eher Zu-Fälle – also eine unbewusste Wahl. Wir alle bewundern die Kreativität insbesondere großer Künstler. Ist es Zufall, dass gerade die Menschen, die eine besonders offene Haltung gegenüber dem Zufall einnehmen, über eine besonders ausgeprägte Kreativität verfügen? Pablo Picasso sagte einmal: »Ich suche nicht, ich finde.« Das, was wir finden, steht in direkter Verbindung mit unserem Unbewussten, mit unserem Einfallsreichtum und unserer Vorstellungskraft.

In uns, in unserem Unbewussten sind unaufhörliche Prozesse im Gange, die für die Wahrnehmung unserer Welt und damit für unsere spezifische Realität inklusive der sogenannten Zufälle verantwortlich sind. Was in uns geschieht, die Vorgänge in unserem Unbewussten, haben einen erheblichen Einfluss auf das, was wir uns vorstellen können. Es beeinflusst zudem die Richtung, wie wir uns etwas vorstellen. Die Resultate der aktuellen Gehirnforschung bekräftigen diese Annahme: Mithilfe sogenannter PET-Scans werden die Gehirnaktivitäten von Probanden bis in die zelluläre Ebene des Gehirns erfasst. Die meisten dieser Experimente untersuchen die Gehirnaktivität, während die Testpersonen sehr genau vorgegebene Aufgaben ausführen. Doch inzwischen hat man sich gefragt, was passieren würde, wenn die Menschen einfach gar nichts machen würden.

Bei einer Untersuchung[3] wurden Testpersonen gebeten, sich in einem dunklen Raum hinzulegen, die Augen geschlossen zu halten, sich zu entspannen und zu versuchen, sich nicht zu bewegen oder irgendeiner strukturierten geistigen Aktivität (wie Nachdenken über einen konkreten Sachverhalt) nachzugehen. Während dieses »Nichtstuns« wurden die Gehirnaktivitäten gemessen, und das Ergebnis war sehr überraschend: Die Gehirnaktivität beim »Nichtstun« ist eindeutig größer als bei einer Vergleichsgruppe, die spezifische Aufgabenstellungen erhielten. Obwohl die Versuchspersonen nichts taten, schien etwas in ihnen doch sehr aktiv zu sein.

Eine Art Gedankenfluss ist offenbar immer in Gang, selbst wenn wir uns dessen nicht wirklich bewusst sind. Bekanntermaßen übt das Gehirn auch Funktionen aus, die uns selbst völlig unbewusst sind. Dies betrifft eben nicht nur die Steuerung physischer Vorgänge – das Gehirn, unser Geist ist im Unbewussten immer aktiv. Und diese inneren Vorgänge steuern unsere äußere Realität.

---

[3] Vgl. Pollatos, Olga: Kardiosensibilität, Emotionen und kortikales Geschehen.

Die Forscher lokalisieren als aktiven Punkt unser limbisches System in unserem Gehirn. Weil diese Vorgänge weitgehend unbewusst ablaufen, können wir sogar so weit gehen und sagen: Wir wissen noch nicht, was wir bereits tun. – Im limbischen System sind unsere Gefühle beheimatet. Unsere Emotionen geben damit einmal mehr vor, was wir denken, uns vorstellen können und wie wir unsere Umwelt erfahren.

Wir kennen aus unserer Kindheit warnende Hinweise wie: »Pass auf, was du sagst!« oder »Pass auf, was du tust.« Treffender wäre es, zu sagen: »Pass auf, was du denkst!« Es ist überaus wichtig, was wir denken und zwar auch dann, wenn wir es nicht aussprechen. Achten Sie darauf, was Sie sich vorstellen können und welche geistigen Bilder Sie beschäftigen. Ihr Denken und Ihre Vorstellungen von heute werden mit einer ganz erheblichen Wahrscheinlichkeit Ihre Realität von morgen sein. Und es ist sicher nicht angemessen, die angehenden Ereignisse dann auch noch Zufall zu nennen ...

Wir kennen das Tai-Chi als die aus China stammende Methode der Selbstverteidigung. Eine zentrale Forderung der Philosophie, auf der diese Methode basiert, heißt: »Benutze Vorstellungskraft (Chi).«[4] Mit diesem Satz wird eines der höchsten Ideale des Tai-Chi formuliert und auf die Bedeutung von Chi hingewiesen. Unter Chi wird alles verstanden, was man im Sinne oder in den Gedanken hat. Chi ist zugleich die Vorstellungskraft wie auch die Absicht, darüber hinaus beinhaltet es alles, was der Mensch im Geist und im Herzen trägt. Das Chi ist also ein umfassender Begriff, der in einem Wort vereinigt, dass unser Denken und Handeln nicht losgelöst von der Vorstellungskraft betrachtet

---

[4] Vgl. Zhuangzi: Die Vorstellungskraft, Chi.

werden kann: Was wir uns nicht vorstellen können, werden wir auch nicht tun, nicht erfahren und nicht erleben. Die Vorstellungskraft selbst kennt keine Grenzen, sofern wir ihr selbst keine vorgeben. Sie ist der Weg zum Unmöglichen. Am Anfang vieler Dinge steht nur eine Vorstellung, eine Imagination von etwas, das dem Skeptiker vielleicht unmöglich erscheint. Ob es dann Realität wird, liegt an uns ...

Das Vorangegangene zeigt, dass die Vorstellungskraft noch über die Fantasie hinausgeht. Dennoch sind beide Begriffe eng miteinander verwandt. Das Wort Fantasie wurde gebildet aus dem griechisch-lateinischen »phantasia«, was so viel heißt wie Erscheinung, geistiges Bild, Vorstellung, Einbildung. Wir selbst sind oft aufgefordert, fantasievoll zu sein, sollen gleichzeitig jedoch des Guten nicht zu viel walten lassen, laufen wir ansonsten doch Gefahr, für einen Fantasten gehalten zu werden. Fantasie ist gesellschaftlich also erwünscht und gleichzeitig verpönt. Denn eine ausgeprägte Fantasie kann zu Ideen führen, die sich zuweilen jenseits der Normen befinden. Sie bedarf eines lebhaften Geistes, der nicht kontinuierlich in seine Schranken gewiesen wird. Die Fantasie ist nicht zweckorientiert und gestattet es uns neben der Imagination, in die abenteuerlichsten (Traum-)Welten einzusteigen. Sie ist zugleich notwendig für unsere geistige Gesundheit. An ihnen entzündet sich unsere Vorstellungskraft, die schließlich zu konkreten Ideen und Handlungen führt. Beides – Fantasie und Imagination – ist eine Voraussetzung für jede Form der Kreativität.

In der griechischen Mythologie erscheint die Figur des Prometheus, der von den Göttern abstammte, aber schon zu den Menschen zählte. Prometheus verkörperte den kreativen Geist, er steht für Unabhängigkeit und verfügt über die besondere Fähigkeit, aus sich selbst heraus schöpferisch tätig zu sein (was bis dahin den Göttern vorbehalten war). Die philosophische Bestimmung dessen, was der Mensch ist und kann, die Beschreibung seiner Willensfreiheit, seiner Individualität, seiner Genialität – all das konzentriert sich im Begriff der Kreativität.

Ist also jeder Mensch kreativ? Im Prinzip ja – oder besser gesagt, jeder Mensch trägt Kreativität in sich, nur versteht es nicht jeder, dieser Kreativität auch Leben einzuhauchen. Wer nicht in starren Mustern, festen Gewohnheiten und ewig gleichen Strukturen gefangen ist, kann seine Fantasie und Imagination entfesseln und so den Moment der Inspiration erfahren. Das lateinische Wort Inspiration bedeutet in etwa »Einhauchung« und wurde über das Stammwort »spirare« gebildet, was so viel heißt wie »hauchen, atmen, leben«. Wir benötigen also einen Hauch des Lebens, um den in uns schlummernden Geist der Kreativität zum Leben zu erwecken.

Eine solche Aussage ist für die Wissenschaft zu wenig konkret, um ihr eine allgemeine Gültigkeit zuzuschreiben. Daher setzte in den 50er Jahren des letzten Jahrhunderts eine intensive psychologische Kreativitätsforschung ein, die sich an der Intelligenzforschung orientierte. Joy Guilford und Paul Torrance, die ersten Kreativitätsforscher, kamen zu dem Schluss, dass die Ursache für kreative Leistungen im sogenannten »divergenten Denken« zu suchen sei. Dem divergenten Denken steht das konvergente Denken gegenüber. Konvergentes Denken meint die Fähigkeit, die Lösung für geschlossene Probleme zu finden. Geschlossen heißt hier, dass in der Problemstellung bereits alle Hinweise auf die Lösung und der Lösungsweg vorgegeben sind. Gemeint ist also das zielgerichtete, in logischen, aufeinander aufbauenden Schritten verlaufende lineare Denken. Das divergente Denken ist dagegen bei offenen Problemen gefragt, bei denen es gilt, ganz neue

Wege zu gehen, vielleicht das Problem erst selbst zu definieren. Es ist die Voraussetzung dafür, dass ein Problem überhaupt als solches erkannt wird, was immer eine gesteigerte Sensibilität erfordert.[5] Insgesamt geht die Psychologie davon aus, dass Kreativität immer die Fähigkeit zum divergenten und sphärischen Denken erfordert. Doch ist hiermit das Phänomen als solches noch nicht umfassend beschrieben.

Wir können feststellen: Kreativität wird verstanden als das Potenzial einer Person, Ideen und Werke hervorzubringen, die von ihr selbst und von anderen als neu, ungewöhnlich und (insbesondere im technischen und wissenschaftlichen Bereich) als problemrelevant angesehen werden. Als besonders kreativ gelten Personen, die durch ihre Ideen ganze Kultur- oder Wissenschaftszweige verändern, oder eben solche, die durch ihre enorme Schöpfungskraft auffallen. Das erforderliche divergente Denken ist allerdings nun weder zielgerichtet noch unbedingt logisch. Es ist vielmehr vage, sprunghaft und fast träumerisch und wird häufig von Spontaneität bestimmt. Als spontan wird ein Vorgehen bezeichnet, »das sich ohne weiteres Nachdenken aus dem Unbewussten ergibt.«[6]

Damit liegt ein Schlüssel der Kreativität in dem uns Unbewussten. Doch lassen sich eben diese Gefilde überhaupt nur erschlie-

---

[5] Eine anschauliche Beschreibung der Unterschiede zwischen dem divergenten und und dem konvergenten Denkens lässt sich nachlesen u. a. bei: Etrillard, Stéphane: Prinzip Souveränität. S. 131–134. Wichtige Untersuchungen zum Thema finden sich zudem insbesondere bei J. P. Guilford: Guilford, J. P. ; Hoepfner, Ralph: Analyse der Intelligenz. / Guilford, J. P.: Kreativität.
[6] Schuster, Martin: Künstlerische Kreativität – Der Versuch einer kreativen Auseinandersetzung. In: Becher, Hans Rudolf: Taschenbuch Kunst Pädagogik Psychologie. S. 68

ßen, wenn wir unser Bewusstsein sensibilisieren und dabei auch Ungewöhnliches und von der Norm Abweichendes zulassen.

Kreativität und ihre Ursache lässt sich kaum präzise beschreiben, so bleiben auch bei sämtlichen wissenschaftlichen Bemühungen letztlich mehr Fragen offen, als Antworten gefunden werden. Dies liegt zu großen Teilen an Momenten, die sich wissenschaftlich nur wenig befriedigend in die Untersuchungen einbeziehen lassen. Hier wäre einmal mehr der Zufall zu nennen, denn viele technische Erfindungen haben ihre Entdeckung ganz unbestritten zwar einem kreativen Geist zu verdanken, doch wären sie ohne den sogenannten Faktor Zufall innerhalb der denkbaren Realitäten womöglich niemals gefunden worden.

Der kreative Mensch kombiniert verschiedene Informationen immer und immer wieder, bis sich plötzlich eine zufällige Kombination als brauchbar erweist. Dies kann dann die Lösung sein. Eine solche Vorgehensweise erfordert eine Offenheit gegenüber den Dingen und einen Geist, der sich nicht voreilig verschließt. Kreativität erfordert immer ein Was-wäre-wenn-Denken, das sich von der vorgegebenen Realität löst – ein Denken, das neue Ideen in Betracht zieht und das sich die Welt auch anders vorstellen kann. Über die Erfindung des Buchdrucks – eine der größten und folgenreichsten Erfindungen der Menschheit – heißt es, Johannes Gutenberg hätte eine Weinpresse bedient und wäre dann blitzartig auf die Idee gekommen, man könnte auf diese Weise auch Bleibuchstaben auf Papier pressen.

Auch die Entdeckung des Penicillins ist auf den Zufall zurückzuführen. Im Spätsommer 1928 verabschiedet sich der Mediziner Alexander Fleming in den Urlaub. Dabei lässt er eine Bakterienkultur offen im Labor stehen. Fleming ist verblüfft, als er nach seiner Rückkehr einen Blick auf die Proben wirft. Ein Schimmelpilz hat die angrenzenden Bakterien getötet. »That's funny«, soll Fleming ausgerufen haben. Auf diese Weise entdeckte Alexander Fleming per Zufall das wirksame Antibiotikum, das die Medizin revolutionieren sollte. Für diese Entdeckung erhielt der Bakteriologe zusammen mit zwei weiteren Wissenschaftlern den Nobelpreis für Medizin. Es ist sowohl Fleming als auch einer zufällig vorbeigeflogenen Schimmelspore zu verdanken, dass der Medizin endlich ein Mittel gegen lebensgefährliche Infektionen zur Verfügung stand.

Ein sehr ungewöhnliches Beispiel für die Macht des Zufalls liefern die seltsamen Erfahrungen, die der Schweizer Chemiker Albert Hofmann[7] bei seiner Suche nach einem neuen Medikament machen musste. Hofmann untersuchte in seiner Forscherkarriere vor allem Wirkstoffe aus der Natur, so von Mutterkornpilz, Meerzwiebel oder Rauwolfia. Daraus sind erfolgreiche Arzneimittel wie Methergin, Hydergin oder Dihydergot hervorgegangen – daneben psychoaktive Substanzen wie Psilocybin oder eben LSD. Berühmt wurde Hofmann insbesondere mit der Entdeckung der letzten Substanz, dem Lysergsäurediäthylamid – kurz: LSD.

Ursprünglich war Hofmann auf der Suche nach einem Mittel zur Stabilisierung des Kreislaufs. Zu diesem Zweck untersuchte er u.a. die Alkaloide des Mutterkorns. Bei seinen Forschungen träufelten einige Tröpfchen der gewonnenen Substanz zufällig auf seine Haut. Einige Zeit später bemerkte er eine Bewusstseinsveränderung. Sein Forschergeist führte einige Tage später zu einem Selbstversuch mit der mysteriösen Substanz in erhöhter Dosis.

---

[7] Die sehr spannende Geschichte dieser Entdeckung wurde von Hofmann selbst beschrieben: Hofmann, Albert: LSD – mein Sorgenkind.

Was darauf folgte, war ein über viele Stunden anhaltender und überaus intensiver, vor allem jedoch sehr ungewöhnlicher Rauschzustand. Der Forscher drang hierbei in Sphären des Bewusstseins vor, die dem Menschen im »Normalzustand« meist völlig verschlossen bleiben. Ein neues, vollkommen außergewöhnliches Rauschmittel war im Labor von Hofmann zufällig entstanden. Die Droge beeinflusste wie kaum eine andere Substanz zuvor das Leben derjenigen, die ihre Erfahrungen mit ihr machten.

LSD wurde nicht nur eine Modedroge bis zum Ende der 60er Jahre, sie wurde auch von zahlreichen bekannten Wissenschaftlern, Künstlern und Denkern zur Bewusstseinserweiterung eingesetzt. Darunter finden sich Namen wie Aldous Huxley, Timothy Leary, Ernst Jünger sowie zahllose Musiker und Künstler. Aufgrund der extremen Wirkung, die durch die Ausschaltung von Schranken Unbewusstes zutage bringt, wodurch Verdrängtes im Rausche wieder ins Bewusstsein tritt, kam es auch zum therapeutischen Einsatz der Droge. Bekannt wurde vor allem die erfolgreiche LSD-Therapie des Schauspielers Cary Grant. Die Droge war tatsächlich in der Lage, schwerste Psychosen aufzulösen – allerdings erforderte es hierzu einen erfahrenen Therapeuten.

Erst später wurden auch die Gefahren des LSD bekannt, das – richtig dosiert – körperlich zwar fast unbedenklich ist, dafür jedoch sehr ernsthafte psychische Komplikationen auslösen kann. Dieses Risiko stieg vor allem bei dem zunehmend sorglosen Umgang mit der Wunderdroge LSD. 1966 wurde das LSD schließlich als weltweit nicht verkehrsfähiges Rauschmittel eingestuft, die offizielle Produktion wurde eingestellt. Geblieben sind der Wissenschaft wichtige Hinweise auf das menschliche Bewusstsein. Parallel dazu sind bedeutende Werke der (psychedelischen) Kunst unter dem Eindruck der ungewöhnlichen Droge entstanden. Allen, die Erfahrungen mit LSD gemacht haben, ist ein ungewöhnlich großer Eindruck geblieben; ihnen offenbarte sich ein unverstellter Blick direkt in die Tiefen ihres Bewusstseins. Die Entdeckung selbst war, wie auch Hofmann immer wieder betonte, nichts anderes als ein Zufall.

Derartige »Zufälle«, von denen zahllose überliefert sind, finden sich natürlich nicht allein im Bereich der Wissenschaft oder Technik. Insbesondere im weiten Feld der Kunst[8] fallen Kreativität und Zufall als Augenblick der Offenbarung immer wieder zusammen. Bereits um 1500 schrieb Leonardo da Vinci:

> Achte diese Meinung nicht gering, in der ich dir rate, es möge dir nicht lästig erscheinen, manchmal stehen zu bleiben und auf die Mauerflecken hinzusehen oder in die Asche im Feuer, in die Wolken oder in den Schlamm und auf andere solche Stellen; du wirst, wenn du sie recht betrachtest, sehr wunderbare Erfindungen in ihnen entdecken. Denn des Malers Geist wird zu solchen neuen Erfindungen durch sie angeregt. [...] Durch verworrene und unbestimmte Dinge wird nämlich der Geist zu neuen Erfindungen wach.[9]

Leonardo beschwört hier weniger den Zufall selbst als vielmehr des »Malers Geist«. Seiner Meinung nach kann sich als Assoziation nur einstellen, was man als Vorstellung bereits in sich trägt. Je bewusster der Geist sich auf die Dinge einzulassen vermag, desto reichhaltiger und komplexer werden die unbewussten Ver-

---

[8] Surrealismus (insbesondere auch das Automatische Schreiben, vgl. Kap. 4.1), Dadaismus, die informelle Kunst usw. sind hier nur sehr offensichtliche Beispiele; die bewusste Einbeziehung des Zufalls gilt letztlich für sämtliche Kunstgattungen.
[9] Leonardo da Vinci: Traktat von der Malerei. S. 53

knüpfungen der unterschiedlichen inneren Bilder. Der kreative Geist wird sich auch auf die verwirrend erscheinenden und unbestimmten Dinge, wie eben den Zu-Fall, einlassen – er wird diese nicht verwerfen, sondern vielmehr zur eigenen Inspiration in sich aufnehmen.

Zufall, Imagination und Fantasie – letztlich Kreativität – sind nahezu untrennbar miteinander verbunden. Visuelle Eindrücke oder Erinnerungsbilder, die nur in unserer Vorstellung existieren, lösen bildhafte Assoziationen aus. Bei der Um- oder Ausdeutung wird der Zufallsfund mit einer neuen Bedeutung versehen und damit in einen anderen Gegenstand verwandelt. Ein gutes Beispiel ist hier Picassos berühmter Stierkopf, gebildet aus einem Fahrradsattel und einer Lenkstange. Der Künstler fügt völlig fremde Dinge zusammen und lässt so ein von der ursprünglichen Bedeutung abweichendes Bild entstehen. Dies ist natürlich ein Spiel mit der Fantasie und Vorstellungskraft der Betrachter. Ein fantasieloser Mensch wird hier kaum mehr als eben einen Fahrradsattel und eine Lenkstange sehen und erst recht keine Inspiration erfahren, andere Realitäten neu zu bilden und zu gestalten.

Der Begriff der Kreativität ist selbstverständlich nicht allein für den künstlerischen Bereich reserviert, sie findet sich gleichermaßen in allen wissenschaftlichen Gebieten. Übrigens wurde eine strikte Trennung von Wissenschaft und Kunst erst im 19. Jahrhundert vorgenommen. Kreativität ist also keineswegs an bestimmte Inhalte oder Fachdisziplinen gebunden. Allenfalls bedarf sie zu ihrer Entfaltung einer gewissen Bindung. Um künstlerisch kreativ zu sein, muss man seine Kreativität eben in den Dienst der Kunst stellen. Und dasselbe gilt für alle anderen Felder und ihre Imaginationen. Die Kreativität bedarf dabei immer eines konzentrierten Eindringens in die jeweilige Materie – oder sagen wir Energie.

Das wichtigste Element der Kreativität ist es allerdings wohl, mit der Seele wahrnehmen zu lernen und dabei die Welt über die Emotionen zu entdecken. Fehlende Sensibilität führt ebenso zum Verlust der Kreativität wie schlechte und störende Gefühle.

An dieser Stelle lässt sich fragen: Welche sind denn nun die konkreten Eigenschaften von kreativen Menschen? Professor Mihaly Csikszentmihalyi, der sich sehr eingehend mit dieser Frage beschäftigte, ermittelte einige Eigenschaften, konnte aber dabei nicht umhin, sie in Gegensätzen zusammenzufassen. Kreative Menschen verfügen demnach über folgende Merkmale[10]:

- große körperliche Energie und Durchhaltevermögen, aber auch Ruhebedürfnis und manchmal Krankheitsphasen;
- hohe Intelligenz, gleichzeitige Naivität;
- Verspieltheit, aber auch große Disziplin;
- sehr ausgeprägte Fantasie und gleichzeitiger Realismus;
- extrovertiert und gleichzeitig introvertiert;
- Bescheidenheit und Stolz;
- maskulin und feminin;
- konservativ und rebellisch;
- leidenschaftlich und gleichzeitig objektiv;
- sensibel, aber auch genussfähig.

Es sind hier weniger die einzelnen Merkmale, die verblüffen – es ist vielmehr der überraschende Eindruck, dass es kreative Men-

---

[10] vgl. Csikszentmihalyi, Mihaly: Kreativität – Wie Sie das Unmögliche schaffen und Ihre Grenzen überwinden.

schen schaffen, diese Gegensätze zu leben und nicht nur jeweils eine Seite zu verkörpern. Kreative Menschen sind sehr lebendig und haben sehr verschiedene Seiten. Sie haben keine Angst, widersprüchlich oder unberechenbar zu erscheinen, sie leben nicht starr in einer festen Rolle, sondern stellen sich der Realität, um sie zu erfassen und zu beeinflussen.

Im 4. Kapitel haben wir von der Untrennbarkeit der Dinge gesprochen, davon, dass sich scheinbare Gegensätze ergänzen. Nichts kann nur und ausschließlich richtig oder falsch, gut oder böse sein. Erstaunlicherweise versammeln sich gerade diese Polaritäten im kreativen Menschen. Der kreative Mensch befindet sich im Wechselspiel der Polaritäten und Kontraste, er ist weder ausschließlich das eine noch allein das andere. In ihm finden die Dinge zusammen, selbst wenn sie sich vordergründig zu widersprechen scheinen. Die von Csikszentmihalyi ermittelten Merkmale kreativer Menschen weisen dabei überraschende Parallelen zum Yin und Yang, den Polaritäten des Taoismus, auf. Wie bei der Kreativität, so verhält sich auch alles im Universum: auf der einen Seite die Erde, auf der anderen der Himmel, hier das Unten, dort das Oben usw. Unsere gesamte sichtbare Welt einschließlich unseres eigenen Da- und Hierseins lässt sich in diese beiden Darstellungen einteilen.

Erst die Polarität erlaubt Bewegung und Wandlung. Die Erde bewegt sich und verändert rhythmisch ihren Stand zur Sonne. So wandelt sich langsam der Tag, und die Helligkeit geht über die Dämmerung über in die Nacht. Der Frühling wird zum Sommer, der Herbst zum Winter. Das Wasser fällt als Regen zur Erde, sammelt sich in Rinnsalen, Bächen und Flüssen zu Meeren und steigt verdunstend zum Himmel, um als Regen seinen Kreislauf und seine Wandlungsphase zu vollenden. Nach dem Taoismus unterliegt der Mensch ebenfalls diesem Zyklus der Wandlungen. Geburt, Jugend, Alter und Tod stellen solche Wandlungsphasen dar. Nach dem Gesetz der Polarität bilden sie jedoch lediglich die eine Seite des menschlichen Da- und Hierseins.

Jede Polarität birgt eine energetische Kraft. Zwischen den beiden Polen besteht eine Sphäre, die eine Energie bereithält, die in sich eine Bewegungs- oder Wandlungstendenz einschließt. Der Spannungszustand zwischen den beiden Polen schafft dabei die Möglichkeit der Kommunikation aller gegensätzlichen Polaritäten unter- und miteinander.

Im Universum ist eine Urenergie vorhanden, die die Entwicklung aller Phänomene ermöglicht, im Makrokosmos und im Mikrokosmos gleichermaßen. Und natürlich ist auch der Mensch als Bestandteil des Kosmos diesen Gesetzmäßigkeiten unterworfen. Er steht zwischen Himmel und Erde, empfängt von oben das Yang des Himmels und gibt es an die Erde weiter; von unten erhält er das Yin der Erde und leitet es an den Himmel weiter. Dieser stete Austausch polarer Energie, das Wechselspiel kosmischer und irdischer Energie und deren Transformationen, ermöglicht überhaupt erst das Leben.

Kreativität ist immer mehrdimensional und niemals von nur einem Pol genährt. Daher ist sie auch der Inbegriff der menschlichen Vielfalt und zugleich Ausdruck der göttlichen Energie. In der Kreativität steckt eine besondere Energie, die wiederum Energie freisetzt und die der Menschheit größte und bedeutende Taten ermöglicht. Kreativität ist eine Vereinigung von Gegensätzen auf der Grundlage eines entfesselten Geistes, dessen Fantasie und Vorstellungskraft freien Lauf erhält. Im kreativen Menschen entsteht eine Balance und findet sich der Zugang zu den Beautiful

Energies. Mit der Kreativität geht das Gefühl einher, mit sich selbst und dem Universum in einen großen Strom zusammenzufließen. Nicht umsonst stammte der anfänglich erwähnte Prometheus von den Göttern ab, um das Göttliche und ihre Energie – die Kreativität – als neue Erfahrung und Erkenntnis zu den Menschen zu bringen.

9
Ich und das Universum sind eins

Einige alte Religionen, frühe Philosophien und die moderne Wissenschaft lehren die Einheit aller Dinge. Das ganze Universum, das gesamte Dasein ist ein einziger kontinuierlicher, in sich verbundener und miteinander verwobener Prozess, der in jedem seiner Teile, zu jeder Zeit und in jedem Stadium das Absolute, von dem er voll und ganz abhängig ist, widerspiegelt. Die der Materie innewohnende Energie führt zum ewigen Voranschreiten, zur Weiterentwicklung. Der reine Zustand wird damit zum Prozess. Stagnation und Stillstand sind dabei unmöglich. Und wir können selbst entscheiden, wohin uns dieser Prozess führt. Wir kennen beispielsweise den meist etwas missmutigen Ausspruch: »Dieses oder jenes sei ein ewiges Procedere.« In diesem – leider fast immer von negativen Gefühlen begleiteten – Ausspruch steckt eine unwiderlegbare Wahrheit: Das Wort Prozess hat seine Wurzel im Lateinischen »pro-cedere«, was nichts anderes heißt als »voranschreiten, vorwärts schreiten, sich entwickeln«. Was in der Vergangenheit war, wird in der Zukunft anders sein. Sie selbst können in der Gegenwart, d.h. im Jetzt – denn dies ist der Punkt, wo Vergangenheit und Zukunft aufeinandertreffen – entscheiden, welchen Verlauf der Prozess nehmen wird.

Nehmen Sie dem »Procedere« seinen negativen Beiklang. Wer will, ist dazu in der Lage, seine Gefühle durch ein neues Bewusstsein, durch Selbstreflexion und durch Konzentration auf sein inneres Wesen zu beeinflussen. Das Procedere wird dadurch zu einem Prozess von unendlicher Vielfalt qualitativer und quantitativer Spannungen, in welchem jede Spannung, jeder Aspekt und jeder Teil zugleich Ursache und Wirkung ist. Wir leben in einem wundervoll ausgearbeiteten Plan der Ganzheit, der jede Stelle, alle Bereiche und Winkel unseres Daseins umfasst. Es ist ein Prozess, in dem jeder Teil Ausdruck eines Ganzen ist – ein einzigartiges und einheitlich abgeschlossenes Werk an Vollständigkeit, Schönheit und Vollendung.

Die Einheit der Dinge

Sowohl im Hinduismus als auch im Buddhismus gehört der ewige Kreislauf der Dinge zu den zentralen Lehren. Alles, was ist, ist hier miteinander verwoben und steht miteinander in Beziehung. Wenn alles eine große Einheit bildet, ergibt sich daraus eine hohe Achtung und LIEBE zu allen Dingen. Wo alles miteinander in Verbindung steht, wäre es unsinnig, sich gegen das eine zu wenden, aber für das andere zu sein. Und insbesondere die Liebe, als die stärkste aller Emotionen, als die Urenergie, aus der alles geschaffen ist, ist hier – wie bei allen anderen Religionen auch – das verbindende (s. o.) Element. Denn sie ist es, die keine Wertung hat, sondern alles SEIN lässt und so den Zugang zu der unerschöpflichen und wunderschönen Energie des Universums ermöglicht.

Die Einheit der Dinge, die verflochtenen Beziehungen zwischen allem und jedem, können wir in alltäglichen Situationen erfahren; es ist uns oft nur gar nicht bewusst. Nehmen wir zum Beispiel die Musik oder auch Phänomene wie die Körpersprache des Menschen. Es scheint etwas zu geben, was Musik gleichermaßen wie Körpersprache universell verstehbar macht. Beiden Erscheinungen liegt etwas zugrunde, das alle Menschen verstehen können. Und dabei geht es nicht um ein verstandesmäßiges, analytisches Verstehen, sondern eher um ein intuitives, emotionales Erfassen der Botschaften.

Es gibt einige Gesten und körpersprachliche Ausdrücke, die überall auf der Welt gleich gedeutet werden. Dazu zählt z. B. die geöffnete, nach außen gestreckte bittende, gebende und nehmende Hand oder auch die geöffnete Handfläche, die abwehrend zum Gegenüber zeigt; ebenso der gestreckte Zeigefinger, der auf etwas deutet; das Erhabene oder Göttliche wird immer mit einer aufrechten Körperhaltung in Verbindung gebracht. Die Körpersprache-Spezialistin Sabine Mühlisch, die solche Erkenntnisse erfolgreich in ihrer Arbeit mit ihren Klienten anwendet, fügt noch etwas Wesentliches hinzu: »Aufrichtigkeit als Urhaltung der Verbindung von Himmel (Geist) und Erde (Materie / Körper) und nicht zu vergessen: ein göttliches Lächeln! Denn nur hier ›sagen‹ die Augen, welche das Tor zur Seele darstellen, welches göttliche BewusstSEIN sich hier verkörpert hat.«[1]

Eine Dimension der Körpersprache zeigt sich vor allen Dingen in der künstlerischen Darstellung von Göttern oder Heiligen. Insbesondere die aufrechte Körperhaltung mit dem geraden Rückgrat sowie die offene, meditative Gestik der Hände symbolisieren das Göttliche. Wir alle erkennen sofort, ob es sich bei einem Bildnis oder einer Skulptur um eine Götter- oder Heiligendarstellung handelt. Das Göttliche manifestiert sich in der Hal-

---
[1] Mehr zu diesem Thema: Interview: Die Körpersprache und ihre Dimensionen / 22.02.2006 / http://www.platinum-news.de/pn-487-interview-die-koerpersprache-und-ihre-dimensionen.html

tung und Gestik, die einen universellen Verständigungsgrad erreicht. Wenn Sie entsprechende Heiligenbilder aus den unterschiedlichen Kulturen und Religionen vergleichen, werden Sie unschwer feststellen, dass in nahezu allen Fällen eine große Ähnlichkeit hinsichtlich der Haltung und Gebärden besteht.

Neben den Farben sind die Formen tragende Ausdruckselemente eines jeden Heiligenbildes. Da Heiligenbilder nicht subjektive Eindrücke dieser Welt wiedergeben, sondern objektiver Ausdruck einer transzendenten Welt sein möchten, müssen auch die Formen eine Art »Vokabular« bilden, das von all denen verstanden werden kann, die sich der Botschaft der Heiligenbilder aussetzen und sie empfinden wollen. So ist alles, was auf dem Heiligenbild erscheint, Aussage: Körperhaltung, Physiognomie und Mimik, Gesten und Gebärden, Kleidung, Kopfbedeckungen, Kultgegenstände, oft auch Landschaften, Tiere, Pflanzen, Architektur.

Die Deutung körpersprachlicher Aussagen kann wie eine Sprache erlernt werden. Und letztlich ist es leicht, diese Sprache zu verstehen, da die Darstellungen darauf hinauslaufen, verstanden zu werden. Daher sind ihre Formen auch in hohem Maße elementarisiert, typisiert und vereinheitlicht. Wesentlich für die Aussagen des Bildes sind, wie gesagt, vor allem die Gesten und Gebärden. Als Gebärden und Gesten gelten Bewegungen und Haltungen, die durch die Situation bedingt sind und die unbewusst oder unwillkürlich geschehen, die eine Kulturgemeinschaft in langer Tradition pflegt und allen Angehörigen dieser Gemeinschaft als selbstverständlich und natürlich gelten.

Parallelen finden sich dabei nicht nur in der göttlichen Körperhaltung, sondern weiterhin auch bei Begrüßungsgebärden, Gebärden der Klage und Trauer, der Meditation, des Schweigens, des Erschreckens, des Erstaunens oder der Abwehr und ebenso bei Verkündigungs-, Gebets- oder Anbetungs- und Verehrungsgesten. Selbst wenn der Schöpfer eines Heiligenbildes aus einem für uns entlegenen Kulturkreis kommt, verstehen wir doch sehr leicht, welchen Ausdruck er dem Betrachter mit den Gebärden, Gesten und der weiteren Symbolik vermitteln will. Insofern sind alle Götter- oder Heiligendarstellungen – ob es sich konkret um Krishna, Buddha oder Jesus handelt – miteinander verwandt.

Interessant bei der Abbildung von Göttern und Heiligen ist übrigens auch, dass mit der Abbildung eine tatsächliche Verkörperung des Dargestellten erreicht wird. Das bildhaft dargestellte Göttliche wird für den Gläubigen mit dem Bild unmittelbar präsent und zur gegenwärtigen Realität. Damit erklärt sich, warum religiöse Rituale – auch in der christlichen Tradition – häufig in Gegenwart von entsprechenden Darstellungen stattfinden. Die Überzeugung, dass solche Bilder nicht nur bloße Abbildungen sein können, entstand dabei (bereits in den antiken Kulten) aus den Bedürfnissen der Gläubigen selbst. Auf bzw. an das Abbild richtet sich die Verehrung der Gläubigen. Vor dem Bild beten sie, bitten sie um Hilfe in ihren Notlagen und danken sie für das Geschehene. Wenn sich ihre Dinge dann zum Besseren wenden, sehen sie darin einen Eingriff des Göttlichen, das ihre vor dem Bild geäußerten Bitten offenbar erhört hat. So verfestigt sich der Glaube, das Bild ermögliche einen direkten Kontakt mit dem Göttlichen selbst. Das Bild stellt das Göttliche also nicht nur dar, es lässt das Göttliche selbst anwesend und wirksam werden, wodurch dem Bild eine göttliche Präsenz eingehaucht und verliehen wird. Wesentlich für diesen Wirkungsmechanismus ist die universelle Verstehbarkeit der Bildinhalte mittels aussagekräftiger Gesten und Gebärden.[2]

Nonverbales oder auch künstlerisches »Sprechen« scheint oft unmittelbarer zu vermitteln, was gemeint ist, scheint Empfindungen und Gedanken – ohne den Umweg über eine logische Sprache aus Worten – direkter zu transportieren. Auch kulturelle oder muttersprachliche Grenzen werden dabei immer wieder ohne Mühe überwunden. Diesen Ausdrucksformen wohnt etwas inne, das sie mit allen Menschen auf der Erde gemeinsam haben, das alles vereint. Sehr treffend zusammengefasst hat dies die Körpersprache-Expertin Sabine Mühlisch, wenn sie in ihren Seminaren sagt: »So wie der gemeinsame Geist die Menschheit bildet, bildet der individuelle Ausdruck die Gesamtheit.«

Gerade in der Musik, die übrigens ebenfalls schon immer zentrales Element religiöser Rituale war, werden von alters her Abbilder des gesamten Universums gesehen. Die musikalischen Zahlenverhältnisse, die engen Beziehungen zwischen Tönen und Zahlen, wurden z. B. in der Antike als Zeugnis eines kosmischen Abbildes aufgefasst. Die Harmonie der Töne ergab sich in der Vorstellung der Pythagoreer aus einfachen Zahlenverhältnissen: Eine Oktave entsteht, wenn man eine ganze Saite anschlägt und danach die halbierte Seite (Verhältnis 1 : 2) zum Klingen bringt. Eine Quinte ergibt sich aus einem Saitenverhältnis von 2 : 3 und die Quarte aus dem Verhältnis 3 : 4. Auf diesem Wege lassen sich durch die Saitenteilung immer weitere Intervalle finden. So verwundert es auch nicht, dass die Musikwissenschaft im Mittelalter zu den mathematischen Fächern wie Arithmetik, Geometrie,

---

[2] Bei allen Heiligen- oder Götterbildern ist es übrigens gängige Praxis, einen überlieferten Bildtypus – was die Gesichtszüge angeht – zu kopieren, von dem man annehmen darf, er gehe auf ein authentisches Urbild zurück. So entsteht aus der Kopie ein neues Original, das erneut vom Göttlichen beseelt ist. Die uns bekannten Madonna-Bilder gehen beispielsweise auf das sogenannte Hodegetria-Bild zurück, das der Evangelist Lukas angeblich noch zu Lebzeiten der Maria von ihr gemalt hat.

Alchemie und Astronomie gezählt wurde. Zahlen und Zahlenverhältnisse waren prägend für das mittelalterliche Verständnis von Musik, was Musik in ein direktes Verhältnis zur kosmischen Ordnung setzte, die nach damaliger Auffassung ebenfalls auf Zahlenverhältnissen beruhte. Die Reduzierung der Zahlen auf reine Nennwerte hat uns in unserer linear kausalistischen Welt den Blick auf das Ganze verlieren lassen. Und doch fühlen wir immer diese Gesamtheit, wenn sie uns begegnet, denn sie ist als göttlicher Funke, als SELBST immer anwesend.

Auch im alten China (ca. im 3. Jahrtausend v. Chr.) ging man davon aus, dass ein enger Zusammenhang zwischen der Harmonie in der Musik und der Harmonie im Staat und im Universum besteht. Man ging dabei vom Grundton der sogenannten »Gelben Glocke« aus – einer Pfeife, deren Ton die Grundlage des gesamten Tonsystems bildete und damit sozusagen die Grundschwingung des gesamten chinesischen Reiches vorgab. Von dort aus wurden durch bestimmte Rechenoperationen Verhältnismäßigkeiten und Töne errechnet, die sowohl Maß- und Gewichtseinheiten bestimmten als auch Ableitungen über astrologische und kosmische Ordnungen erlaubten. (Die Länge der Pfeife betrug 81 Hirsekörner, ihr Durchmesser drei Längen und ihr Volumen betrug genau 1.200 Hirsekörner.) Wenn die »Gelbe Glocke« mit den Kräften des Universums in Harmonie stand, dann blieben die Menschen von Unheil verschont. Musik war deshalb immer ein Teil der alten chinesischen Staatsideologie, und ihr wurde zudem eine bedeutende ethische Kraft zugeschrieben. Das wohlgeordnete Tonsystem der Musik sollte sich auch positiv auf den Menschen auswirken, ihm Stärke verleihen und innere Harmonie erzeugen. So erhielt die Musik eine wichtige Bedeutung für die Erziehung und Bildung der Menschen, die sich schließlich auch in den Lehren des Konfuzius wiederfinden. Der Einfluss auf die Gesundheit der Menschen wurde ebenfalls als sehr wichtig eingeschätzt.

Die therapeutische Wirkung der Musik in der Medizin erlebt seit einigen Jahrzehnten und insbesondere in der Gegenwart eine Renaissance. Das Spektrum der therapeutischen Anwendungen von Klängen und Rhythmen reicht inzwischen von der Stabilisierung der kleinen Patienten auf Frühgeborenen-Stationen per Wiegenlied aus dem Mini-Walkman über die Schmerzunterdrückung im Zahnarztstuhl oder Kreißsaal bis hin zur Rehabilitation von Schlaganfall-Patienten. Und selbst bei immer noch unheilbaren Leiden wie der Alzheimerschen Krankheit kann die Musik offenbar helfen, den geistigen Verfall zu bremsen. Einer der Pioniere der westlichen Musik-Medizin, so der derzeit verwendete Begriff, war übrigens der berühmte Dirigent Herbert von Karajan. Schon in den 60er Jahren setzte sich Karajan mit der Wirkung klassischer Musik auf den menschlichen Organismus auseinander und stellte sich auch selbst als Versuchspatient für mehrere Forschungsreihen zur Verfügung.

Schon in den Lebenserinnerungen des Su-Ma-Tsien, zweitausend Jahre v. Chr., ist dieses Zusammenspiel ein Thema:

> Die Prinzipien der richtigen Lehren sind alle in den Tönen der Musik zu finden. Wenn die Töne richtig sind, ist das Betragen der Menschen richtig. Klänge und Musik bewegen und erregen die Arterien und Venen, kreisen durch die Lebensessenzen und verleihen dem Herzen Harmonie und Rechtschaffenheit. So bewegt die Note *Kung* die Milz und bringt den Menschen in Harmonie mit vollkommener Heiligkeit. Die Note *Shang* bewegt die Lungen und bringt den Menschen in Harmonie mit vollkommener Gerechtigkeit. Die Note *Kio* bewegt die Leber

und bringt den Menschen in Harmonie mit vollkommener Güte. Die Note *Chi* bewegt das Herz und bringt den Menschen in Harmonie mit vollkommenen Riten. Die Note *Yü* bewegt die Nieren und bringt den Menschen in Harmonie mit vollkommener Weisheit.[3]

So wird Musik zum Ausdruck universell gültiger, allumfassender Ordnungen und Prinzipien. In der Musik wird die Energie, die allen Menschen zu eigen ist, erfahrbar gemacht, und die Menschen können sich so im Einklang mit dem Universum befinden.

Alles ist ein Teil von uns selbst

Nun erscheint gerade die Verbindung und Einheit aller Dinge für die Skeptiker unter uns höchst zweifelhaft und esoterisch. Doch brauchen wir uns erneut nur der modernen Wissenschaft zu bedienen, um das alte Wissen mit den neuen Erkenntnissen zu bestätigen: Alle Dinge, jede Art von Materie besteht aus Atomen – niemand wird ernsthaft daran zweifeln. Atome sind überall und bilden die Bausteine von allem; nicht nur feste Gegenstände, sondern auch die Luft dazwischen ist aus Atomen zusammengesetzt. Atome sind winzigklein, hinter einem durchschnittlichen Sandkorn könnten sich beispielsweise, nebeneinander aufgereiht, etwa eine Milliarde Atome verstecken. Atome sind damit in wahrhaft unvorstellbarer Anzahl vorhanden. Hinzu kommt eine weitere Eigenschaft: Atome sind dermaßen langlebig, dass

---

[3] Zitiert nach: Sima, Qian: Gestalten aus der Zeit der chinesischen Hegemoniekämpfe: Übersetzungen aus Sze-ma Ts'ien's Historischen Denkwürdigkeiten.

man ihnen – auch wenn niemand genau weiß, wie lange sie genau erhalten bleiben – getrost eine nahezu ewige Dauerhaftigkeit zuschreiben kann.

Aus diesen Realitäten lässt sich schließen, dass jedes Atom in einem Menschen schon Aufenthalte an den unterschiedlichsten Orten hinter sich hat. Die Atome, die sich in, auf und um Ihren Körper befinden, waren also irgendwann schon einmal Teil weit entfernter Sterne, waren Teil des Meeres, waren Luft, Erde oder Feuer. Und sie waren auf dem Weg zu ihrer augenblicklichen Position schon Bestandteil von unzähligen Lebensformen.

Jeder von uns besteht aus so vielen ständig wieder verwerteten Atomen, dass er mit gewisser Wahrscheinlichkeit Atome in sich trägt, die früher einmal zu Buddha, Jesus, Mohammed, Platon, Leonardo da Vinci oder Goethe gehörten! Sie sind also zugleich auch ein Teil einer beliebigen historischen Gestalt! Die einzige Bedingung: Die Person muss entweder aus der entfernten Vergangenheit stammen (schließlich dauert es mehrere Jahrzehnte, bis sich die Atome aus einem Körper wieder neu verteilen) – oder Sie müssen ihr persönlich begegnet sein. Schon wenn sich ein Mensch mit Ihnen auch nur in einem Raum befindet und einfach nur atmet, werden Sie zwangsläufig Atome aus seinem Körper in sich aufnehmen. Oder wenn Sie einen Gegenstand berühren, werden sich daran Atome befinden, die schon die abenteuerlichsten und unglaublichsten Wege hinter sich haben.

Man könnte also tatsächlich sagen, dass wir alle miteinander verbunden sind. Sie selbst sind somit vielleicht ebenfalls eine Reinkarnation. Und wenn sich die Atome nach unserem Tod voneinander lösen, werden sie an anderer Stelle eine neue Verwendung finden, die nicht weniger sinnvoll sein wird als die vorherige Position. Sie waren also nicht nur schon alles und jeder, sondern werden irgendwann auch wieder alles und alle anderen sein.

Auch sind die Atome in Ihnen nicht ruhig und starr, sondern in ständiger Bewegung. Sie treten mit anderen Atomen in Verbindung, beeinflussen sie und werden von ihnen beeinflusst. Die Atome werden dabei von einer Energie angetrieben, die sich nie verbraucht. Selbst noch während eines Zerfallsprozesses, etwa dem eines toten Tieres, wird messbare Energie freigesetzt, die den Ablauf eines erneuten Prozesses ermöglicht.

Alles, was wir in anderen, der Welt oder dem ganzen Universum erkennen, ist ein Teil von uns selbst. Wir sehen und spüren nur, was wir selber sind. Die Kohlenstoffatome in einer bestimmten Anordnung werden als Kohle bezeichnet. In einer anderen Form der Anordnung werden die gleichen Atome Diamant genannt – es kommt also auf die Anordnung an. Und eben auch auf die Anordnung unserer Gefühle und Gedanken! Was wir fühlen und denken, das hat immer direkte und ganz unmittelbare Auswirkungen auf die Realität, in der wir leben. Wer angefüllt ist mit guten Gefühlen, dessen Denken wird auch eine ebensolche Richtung nehmen und sein Da- und Hiersein mit Energie und Kreativität ausfüllen. Wer sich jedoch schon auf emotionaler Basis in Konstrukten gefangen fühlt, wird sich gar nicht dagegen wehren können, dass auch sein Denken eindimensional und in den engen Maschen starrer Konventionen verfangen bleibt. Das Dasein bleibt hier von destruktiven Momenten dominiert, und unzählige Möglichkeiten bleiben ungenutzt, werden als nicht zur eigenen Realität zugehörig empfunden.

Die Welt bietet unserem Bewusstsein zahllose Möglichkeiten, Sichtweisen und vor allem Varianten möglicher Realitäten an.

Wir selbst entscheiden dabei, was und wie wir etwas sehen und empfinden wollen. Gerade durch die Konzentration auf unsere innere Göttlichkeit gestalten sich ganz neue Realitäten, die sich erheblich von der ansonsten so oft als banal empfundenen Wirklichkeit unterscheiden können. Es geht darum, alle Möglichkeiten zu erkennen – sie überhaupt wahrzunehmen –, um das Da- und Hiersein mit bislang ungenutzten Alternativen zu ergänzen.

———•·•———

Der Klang der Stradivari ist einzigartig, aber man kann auch auf einzigartige Weise faszinierend klingen, ohne eine Stradivari zu sein. Dinge können unendlich wertvoll sein, ohne dass sie mit viel Gold aufgewogen werden können. Oft sind sie sogar wertvoller, je weniger überhaupt Gold nützt, um sie zu bekommen.

Haben Sie einmal überlegt, was alles noch hinzukommen muss, damit eine Stradivari den überwältigenden Eindruck macht, für den sie berühmt ist? Beautiful Energies fließen nicht nur durch die bloße Existenz des perfekten Klangkörpers, Beautiful Energies müssen geflossen sein, als der Komponist sein Werk für die Geige schuf, Beautiful Energies sollten den Virtuosen leiten, wenn er es auf der Bühne interpretiert, und Beautiful Energies machen den Zuhörer empfänglich für die Schönheit der Aufführung. Andersherum ist es so, dass auch schon ein vollkommenes Detail energetisch so schön sein kann, dass es alles andere mit seiner Schönheit auflädt und ebenfalls zum Leuchten bringt. Mit anderen Worten: Sie brauchen gar keine Stradivari zu sein, um als Geige wie eine Stradivari zu klingen, wenn Sie bloß das Geheimnis der Beautiful Energies kennen. Wie oft haben wir mit tiefem Gefühl einem Geigensolo gelauscht, bei dem nicht eine Stradivari zum Einsatz kam? Es war die Musik, es war der glückliche Gedankenstrom, der durch uns floss, wir waren es selbst, die die Schönheit erhörten. Beautiful Energies sind unabhängig von äußeren Gegebenheiten, weil sie diese bestimmen können – und das ist die Chance, die wir alle nutzen können. Wir können selbst zu Virtuosen unseres Lebens werden; Beautiful Energies sind das Geheimnis der Virtuosität. Und: Die Schönheit ist die Stradivari des Universums. Spielen wir also darauf!

Nachwort: Realität ist, was Sie denken und fühlen

Vieles, was die moderne Wissenschaft – insbesondere die Quantenphysik – hervorgebracht hat, stellt unsere herkömmlichen Denkweisen auf eine harte Probe und manchmal völlig auf den Kopf. Die Entdeckungen widersprechen zuweilen jeder vernünftigen Definition von Realität. Die ganze Menschheitsgeschichte zeigt, dass immer wieder selbst die schönsten Dinge und Entdeckungen abgestempelt, in Schubladen gepackt, für unsinnig und abwegig erklärt wurden – allein weil sie nicht dem Fühlen und Denken einer Epoche, einer Weltanschauung oder einer in den Köpfen eingebrannten Denkrichtung entsprachen. Doch immer wieder mussten die Menschen erkennen, dass die jeweils neuen Tatsachen nicht einfach vom Tisch zu wischen waren. Die Realität zeigte immer und immer wieder ein neues und bis dato unvorstellbares Gesicht.

Warum sollen wir also unser Gesichtsfeld von vornherein begrenzen? Wenn wir uns schon immer auf Logik und fixe Systeme berufen und an ihnen beharrlich festhalten, wäre es doch nur konsequent, einfach damit zu beginnen, der Realität von JETZT an keine Grenzen mehr zu setzen.

Die Grenzen werden eben nicht von einer vorkonfektionierten Realität mitgebracht; die Realität schließt sich selbst gewiss nicht ein und verschnürt sich auch nicht zu einem klar definierten Paket, auf dem »oben« und »unten« oder »rechts« und »links« steht. Sie selbst geben vor, was wahr oder falsch ist, und Sie selbst können auswählen, welcher Punkt nun oben oder unten liegt. Die Realität ist nicht aus sich selbst heraus, sie wird angenommen, in unseren Gedankenflüssen konstruiert und erst von ihnen kreiert.

Wir sind ausgefüllt und umschlossen von Energie – also muss es auch möglich sein, aus dieser Quelle zu schöpfen. Lassen Sie sich von den Ereignissen und Erfahrungen des Alltags nicht beherrschen und versklaven. Durchbrechen Sie alle eindimensionalen Denkmuster und füllen Sie Ihr Unbewusstes mit Liebe. Schließlich ist die Liebe die stärkste und reinste von allen Emotionen, die unseren Geist füllen. Und unsere Emotionen stehen immer in direkter Verbindung zu unseren Gedanken. Was unsere Gedanken dominiert, das macht die Realität unserer Welt aus. Was Sie heute fühlen und denken, wird sich mit großer Wahrscheinlichkeit auf Ihre Realität von morgen auswirken.

Wo auch immer Sie gerade dieses Buch lesen, Sie sind umgeben von Beautiful Energies. Sie selbst sind ein Teil dieser Beautiful Energies! Vielleicht haben Sie sich behaglich eingerichtet, um in aller Ruhe Ihre Lektüre zu genießen. Dort, wo Sie sich gerade befinden, wird es sicherlich eine Lichtquelle geben. Und womöglich ist es die Sonne selbst, die Ihnen einige helle Strahlen zum Fenster hineinschickt. Das Licht, das wir zum Lesen und zum Sehen ganz generell brauchen, beachten wir meistens nicht. Unsere Aufmerksamkeit gilt weniger dem Licht, sondern vielmehr den beleuchteten Gegenständen. Was wir also sehen, das sind die Reflexionen des Lichts auf den Gegenständen um uns herum. Fehlt das Licht, bleiben alle Dinge unsichtbar, denn die Farben benötigen eine gewisse Helligkeit, damit sie überhaupt leuchten bzw. reflektieren können. Das Licht selbst erscheint uns farblos. Falls Sie ein Prisma zur Hand haben (ansonsten können Sie sich auch mit der Rückseite einer CD behelfen), halten Sie es doch einmal ins Licht. Sie werden die ganze Palette der Regenbogenfarben sehen und auch sehr schöne und faszinierende Farbenspiele. Und diese Farben waren die ganze Zeit vorhanden, Sie konnten sie vorher nur nicht sehen. – Ganz ähnlich verhält es sich mit den Beautiful Energies: Vorhanden sind sie immer und überall, nur müssen wir sie erst einmal aufspüren, um sie dann auch in unserer Realität erkennen zu können. Wir tragen Beautiful Energies im Spiegel unseres Herzens und sollten unseren emotionalen Fokus auf sie richten, damit wir sie auch *real* erfahren, fühlen und sehen können.

Die Welt ist ebenso eine Spiegelung Ihres Inneren wie auch des Inneren eines jeden anderen. Wenn unsere Emotionen angefüllt sind mit der universellen, göttlichen Liebe, strahlt dieses Spiegelbild nach außen und wir leben in einer Welt der Beautiful Energies.

Was Sie hier gelesen haben, das sind nur einige wenige Beispiele für die Welt der Beautiful Energies. Denken Sie bitte daran, es sind nicht nur die großen, bekannten und offensichtlichen Dinge, die uns von der Existenz einer göttlichen Kraft erzählen. Viel häufiger noch ist es das Unentdeckte, Verborgene, das Kleine und kaum Sichtbare. Leonardo fand Inspiration sogar in den Schatten an der Wand oder in den Konturen der Wolken – nichts war für ihn als solches zufällig, zweck- oder bedeutungslos. Neue Dimensionen nehmen ihren Anfang immer im Bereich des Subtilen, das nur zu oft von den groben Dingen verdeckt wird. Und gerade das Subtile drängt sich uns nicht auf, wir können es nur sehen, wenn wir unsere Sinne darauf konzentrieren. Die Realität oder das innere Wesen von allem verbirgt sich meist hinter der äußeren Erscheinung.

In dem starren hölzernen Korpus einer Geige verbergen sich wunderschöne fließende Klänge, die sich jederzeit zum Leben erwecken lassen. Schon mit einem sanften Bogenstrich über die Saiten wird die Energie, die das Innere der Geige erfüllt, zum Klingen gebracht und so für uns wahrnehmbar gemacht. Der Klang verbreitet sich in alle Richtungen. Ihr Geist und Ihre Emotionen bilden einen ENERGIEFLUSS, der über die Saiten des Universums streicht und so die Beautiful Energies zu ihrer vollkommenen Entfaltung bringt. Einmal geweckt, wird diese Energie in Ihr Inneres eindringen und von dort in alle Richtungen verströmen.

Alles läuft auf eine unumstößliche Wahrheit hinaus: Wenn es Sie als Mensch und somit als Inspiration nicht gäbe, gäbe es auch Ihre Realität nicht. Real ist immer das, was Sie als Realität und IN-SPIRA-TION erklären.

Erkennen, erfahren und erleben Sie die grenzenfreien Lebensformen der Beautiful Energies! Kreieren Sie Beautiful Energies in Ihrem Körper, in Ihrer Seele und in Ihrem Geist.

Machen Sie etwas Schönes daraus!

Literaturverzeichnis

Baudelaire, Charles: Mein entblößtes Herz. In: Baudelaire, Charles: Sämtliche Werke/Briefe. Bd. 6. – München: Hanser, 1991

Beckmann, Jürgen: Kognitive Dissonanz – eine handlungstheoretische Perspektive. – Berlin: Springer-Verlag, 1984

Bryson, Bill: Eine kurze Geschichte von fast allem. – München: Goldmann, 2005

Bülow von; Christopher: Menschliche Sphexishness. Warum wir immer wieder dieselben Fehler machen. www.uni-konstanz.de/FuF/Philo/Philosophie/Spohn/vonBuelow/sphex.pdf

Bülow von; Christopher: Willensfreiheit und Sphexishness. www.uni-konstanz.de/FuF/Philo/Philosophie/Spohn/vonBuelow/freiheit.pdf

Capra, Fritjof: Das Tao der Physik. Die Konvergenz von westlicher Wissenschaft und östlicher Philosophie. – Frankfurt am Main: O. W. Barth, 2005

Csikszentmihalyi, Mihaly: Kreativität – Wie Sie das Unmögliche schaffen und Ihre Grenzen überwinden. – Stuttgart: Klett-Cotta, 2003

Duden. Das Herkunftswörterbuch. – Mannheim: Bibliographisches Institut, 2001

Dürer, Albrecht: Von der Malerei und von der Schönheit. Vom Wesen der Schönheit und Beschreibung des Teiles. In: Albrecht Dürer: Schriften und Briefe. – Leipzig: Reclam, 1973

Epochen der Musikgeschichte in Einzeldarstellungen. – Kassel: Bärenreiter, 1974

Etrillard, Stéphane: Prinzip Souveränität. Als souveräne Persönlichkeit sicher handeln und entscheiden. – Paderborn: Junfermann, 2006

Fischer-Lichte, Erika: Kurze Geschichte des deutschen Theaters. – Tübingen, Basel: Francke, 1993

Frankl, Victor E.: Der Mensch vor der Frage nach dem Sinn. – München: Piper, 2005

Freund, Gisèle: Photografie und Gesellschaft. – Hamburg: Rowohlt, 1979

Gadamer, Hans-Georg: Die Aktualität des Schönen. – Leipzig: Reclam, 1977

Grittmann, Elke: Die Konstruktion von Authentizität. Was ist echt an Pressefotos? In: Knieper, Thomas ; Müller, Marion G. [Hrsg.]: Authentizität und Inszenierung von Bilderwelten. – Köln: Halem, 2003

Guilford, J. P. ; Hoepfner, Ralph: Analyse der Intelligenz. – Weinheim, Basel: Beltz, 1976

Guilford, J. P.: Kreativität. In: Mühle, Günther ; Schell, Christa [Hrsg.]: Kreativität und Schule. – München: Piper, 1971

Hasenclever, Walter: Weg zur Komödie. In: 25 Jahre Frankfurter Schauspielhaus. – Frankfurt am Main 1927, S. 69

Hattstein, Markus: Weltreligionen. – Köln: Könnemann Verlagsgesellschaft mbH, 1997

Hawking, Stephen: Eine kurze Geschichte der Zeit. – Reinbek bei Hamburg: Rowohlt, 2000

Heilige Schriften. Ursprung, Geltung, Gebrauch. – Münster: Aschendorff, 2005

Heisenberg, Werner: Sprache und Wirklichkeit in der modernen Physik. In: Ders.: Sprache und Wirklichkeit. Essays. München 1967.

Hofmann, Albert: LSD – mein Sorgenkind. Die Entdeckung einer Wunderdroge. – München: dtv, 1997

Hügli, Anton ; Lübcke, Poul [Hrsg.]: Philosophie im 20. Jahrhundert. Band 1 und 2. –1993 Reinbek bei Hamburg: Rowohlt,

Jaspers, Karl: Das Wagnis der Freiheit. Gesammelte Aufsätze zur Philosophie. Herausgegeben von Saner, Hans. – München: Piper, 1996

Jung, C. G. ; Pauli, Wolfgang: Synchronizität als ein Prinzip akausaler Zusammenhänge. In: Naturerklärung und Psyche. – Zürich: Rascher, 1952.

Leonardo da Vinci: Traktat von der Malerei. – Jena: Diederichs, 1925

Lexikon der Psychologie in drei Bänden. – Freiburg: Herder, 1993

Luhmann, Niklas: Die Realität der Massenmedien. – Opladen: Westdeutscher Verlag, 1996

Mann, Thomas: Joseph und seine Brüder : der junge Joseph. – Frankfurt am Main: Fischer-Taschenbuch-Verl., 1991

Martens, E. ; Schnädelbach, H. [Hrsg.]: Philosophie. Ein Grundkurs. Band 1 und 2. – Reinbek bei Hamburg: Rowohlt, 1994

Mazenauer, Beat: Manipuliert, aber wahr. In: Die Weltwoche (11.2.99)

Metzler, Albert: Alternatives Denken. Vom fremden Chaos zu eigener Struktur. – Göttingen: BusinessVillage, 2005

Molderings, Herbert: Argumente für eine konstruierende Fotografie. In: Amelunxen, Hubertus von [Hrsg.]: Theorie der Fotografie. – München: Schirmer, 2000

Nietzsche, Friedrich: Der Mensch mit sich allein. In: Ders.: Menschliches, Allzumenschliches. Ein Buch für freie Geister. Erster Band. – München: Herbig, 1990

Pollatos, Olga: Kardiosensibilität, Emotionen und kortikales Geschehen. – München: LMU München, 2004

Prechtl, Peter ; Burkard, Franz-Peter [Hg.]: Metzlers Philosophie-Lexikon. – Stuttgart, Weimar: Metzler, 1996

Rae, Alastair: Quantenphysik: Illusion oder Realität? – Stuttgart: Reclam, 1996

Rilke, Rainer Maria: Duineser Elegien. – Frankfurt: Suhrkamp, 1994

Rilke, Rainer Marie: Gedichte 1910–1926. – Frankfurt: Suhrkamp, 1996

Schelling, F.W.J.: Über das Verhältnis der bildenden Künste zu der Natur. In: Sziborsky, L. (Hrsg.): Philosophische Bibliothek Bd. 344. – Hamburg: Felix Meiner Verlag, 1983

Schopenhauer, Arthur: Die Welt als Wille und Vorstellung. – Zürich: Haffmans Verlag, 1988

Schuster, Martin: Künstlerische Kreativität - Der Versuch einer kreativen Auseinandersetzung. In: Becher, Hans Rudolf: Taschenbuch Kunst Pädagogik Psychologie. – Baltmannsweiler: Schneider Verlag, 1997

Sima, Qian: Gestalten aus der Zeit der chinesischen Hegemoniekämpfe : Übersetzungen aus Sze-ma Ts'ien's Historischen Denkwürdigkeiten. – Wiesbaden: Steiner, 1962

Thränert, Oliver: Ein Gespräch mit Karsten D. Voigt. In: International Politics and Society 2/2001 Politik und Gesellschaft Online

Vonarburg, Barbara: Die spannendste Erkenntnis. Der Quantenphysiker Anton Zeilinger erklärt, warum es nicht für alles eine Ursache gibt und wie man Teilchen beamt - und das ist keine Sciencefiction.

Weischedel, Wilhelm: Die philosophische Hintertreppe. – München: dtv, 1995

Werle, Josef M.: Klassiker der philosophischen Lebenskunst. – München: Goldmann, 2000

Wilde, Oscar: Das Bildnis des Dorian Gray. – Zürich: Diogenes, 1986

Zeilinger, Anton: Einsteins Schleier. Die neue Welt der Quantenphysik. – München: Wilhelm Goldmann Verlag, 2005

Zimmer, Renate: Handbuch der Sinneswahrnehmung. – Freiburg: Herder, 1995

Register

Achtung 155
Aristoteles 27, 80
Assoziation 148
Automatisches Schreiben 74 f
Automatismus 38 f
Baudelaire, Charles 122
Breton, André 74
Buddhismus 36, 155
Cage, John 30
Camus, Albert 18
Capra, Fritjof 73, 79
Chaos 54
Cocteau, Jean 7, 8
Coles, Robert 15
Csikszentmihalyi, Mihaly 150
Demokrit 81
Denkmechanismus 38 f
Descartes, René 106
Determinismus 42
Divergentes Denken 143
Dünnwald, Heinrich 95
Dürer, Albrecht 90
Einstein, Albert 123
Emotionen 41 f, 77
Energie 58 f, 84, 123 f
Erfüllung 14
Erlösung 82
Expressionismus 28
Fantasie 139
Fatalismus 42
Fehler 41 f
Fibonacci-Zahlen 126
Fleming, Alexander 145
Fotografie 102 f
Frankl, Victor E. 15 f
Freiheit 23 f, 49 f
Fremdbestimmung 49 f
Gehirnaktivitäten 140
»Gelbe Glocke« 160

Glauben 100, 110 f
Glaubenssysteme 114 f
Gott ist Energie 123
Götter- u. Heiligendarstellung 156
Greiner, Peter 95
Gutenberg, Johannes 145
Hasenclever, Walter 28
Hawking, Stephen 46
Heilige Kühe 34
Heilige Schriften 117 f
Heisenberg, Werner 61, 73
Heisenbergsche Unschärfebeziehung 61
Hindemith, Paul 30
Hinduismus 34
Hofmann, Albert 146
Imagination 142
Indische Philosophie 81
Individuum 98 f
Inspiration 143
Janet, Pierre 74
Jaspers, Karl 23
Journalismus 102
Jung, C.G. 136 f
Kabbala 127
Kant, Immanuel 25
Karajan, Herbert von 161
Klang 9, 160
Koans 36 f
Kognitive Stile 38
Koinzidenzen 136
Komplementarität 80
Konformismus 16
Konvergentes Denken 143
Konzentration 98
Körpersprache 155 f
Kreative Menschen, Eigenschaften 150
Kreativität 139 f

Kunst 89
Lehre vom Maß 80 f
Leonardo da Vinci 37, 148
Liebe 155
Logik 54 f
LSD 146
Mereschkowski, Dimitri 37
Mesotes-Lehre 80 f
Michelangelo 86, 90
Moksha 82
Mühlisch, Sabine 159
Musik 29 f, 159
   Neue Musik 30
   therapeutische Wirkung 161 f
Nagyvary, Joseph 94
Neandertaler 47 f
Neue Musik 30
Nietzsche, Friedrich 43 f
Objektivität 103 f, 106 f
Orientierung 15
Östliche Mystik 80
Paradoxa 35 f
Pascal, Blaise 124
Pascalsches Dreieck 124
Penicillin 145
Persönlichkeit 98
Picasso, Pablo 139
Placebo-Effekt 111 f
Planck, Max 57, 58 f
Platon 81
Polaritäten 77, 151 f
Programm 39 f
Prometheus 142
Quantentheorie 58 f
Realität 9
Reich, Steve 30
Relativitätstheorie 123 f
Religion 110 f, 116 f
Rilke, Rainer Maria 9, 55
Routinestil 38 f
Samadhi 80
Sartre, Jean-Paul 18
Schelling, Friedrich W. J. von 91
Schönberg, Arnold 30
Schönheit 86 f

Schopenhauer, Arthur 26
Schöpfungskraft 84 f
Schrödingers Katze 66
Sehnsucht nach dem
   Göttlichen 117 f
Selbstbeschränkung 40 f, 46 f
Selbstbestimmung 49 f
Sinn 15 f, 18 f
Sinne 96 f
Sinnlosigkeitsgefühl 15 f
Sprache 40 f, 71 f, 74 f
Stoiker 19
Stradivari, Antonio 13, 93 f
Subjekt 27 f
Su-Ma-Tsien 161
Tai-Chi 141
Taoismus 151
Theater 28 f
Todesstrafe 33
Toleranz im religiösen Bereich 119
Totalitarismus 16
Transzendenz 92
Universum 46 f
Urenergie 152, 155
Utopie 87
Verantwortung 50 f
Voigt, Karsten D. 33
Vorstellung 26 f, 32 f
Vorstellungskraft 139
Wahrnehmung 26 f, 96 f
Widersprüche 35 f, 38 f
Wilde, Oscar 90
Wunder 118
Yin und Yang 151
Yugas 81
Zahl 127 f, 129 f, 135
Zahlenmystik 127 f
Zahlensymbolik 129 f
Zeilinger, Anton 61, 62 f
Zeit 81 f
Zen-Buddhismus 36
Zufälle 124, 133 f
Zyklisch-kreisende Zeit 81 f
Zyklus der Wandlungen 152

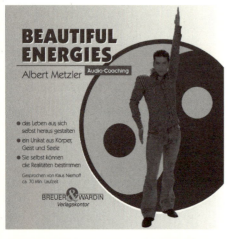

Albert Metzler
Beautiful Energies
1 CD, Laufzeit ca. 72 Minuten
4-seitige Begleitbroschüre, Jewelbox
Preis: 14,90 Euro [D]
ISBN 978-3-937864-95-2

Moderne Philosophie, die Quantenphysik, Erkenntnisse aus dem Alltag und Metaphern aus dem Märchen verbinden sich hier zu einem Hörerlebnis der besonderen Art: Es fällt leicht, sich dem emotionalen Fluss der Gedanken hinzugeben und sie auf äußerst anregende Art zu genießen, gerade auch deshalb, weil sie nicht in „esoterische" Floskeln abdriften, sondern immer wieder mit klaren Bildern und Beispielen die bemerkenswerten Theorien Metzlers auf den Punkt bringen.

Stéphane Etrillard
Die Magie der Effektivität
4 CDs, ca. 266 Minuten Laufzeit
4-seitige Begleitbroschüre, Maxi-Jewelbox
39,80 Euro [D]
ISBN 978-3-937864-61-7

Nutzen Sie schon die Magie der Effektivität? In diesem Hörbuch erfahren Sie, wie Sie den richtigen, den kürzesten, den auf beeindruckende Weise leichtesten, also eben den effektiven Weg zum Erfolg gehen. Der Weg zur Effektivität steht jedem offen. Ein Weg, der schon Vorteile bringt, wenn man ihn nur anfängt zu gehen.

Kurt Tepperwein
Unerschütterliches Selbstvertrauen
2 CDs, Laufzeit ca. 100 Minuten
8-seitige Begleitbroschüre, Jewelbox
15,90 Euro [D]
ISBN 978-3-937864-29-7

Wussten Sie, dass Ihr Unterbewusstsein, Ihren Lebens-Erfolg entscheidend beeinflusst? Mit diesem Mentaltraining erhalten Sie die Möglichkeit, die enormen Potenziale Ihres Unterbewusstseins für Ihre Ziele einzusetzen und für sich arbeiten zu lassen.